LEARN DRAW FAST

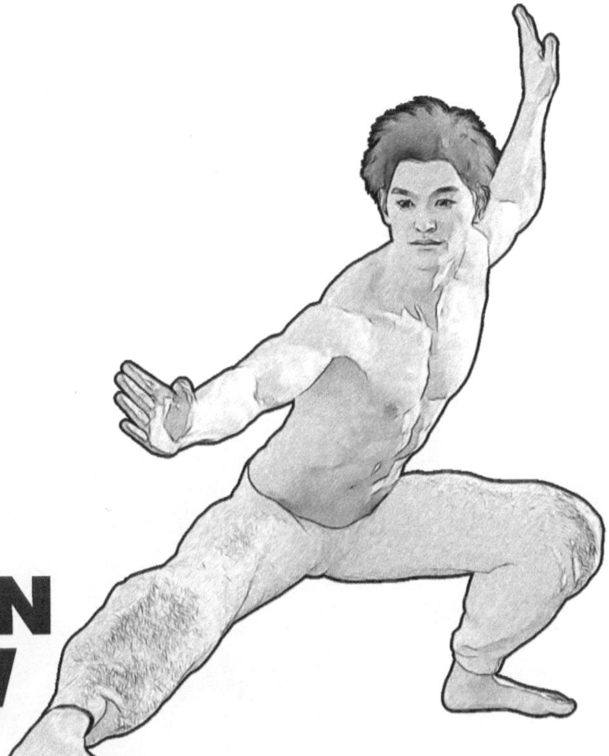

Martial Arts Book 1

JARRETT LEE TOWE

LEARN DRAW FAST: Martial Arts Book 1
by Jarrett Lee Towe

Cover by Jarrett Towe.

Ebook ISBN: 9781097513185

WARNING!

Completing this book may lead to a lifelong love of drawing.

DO NOT STOP!

You will be tempted to quit when your drawings don't look like you want them to. But stick with it!

Your drawing will improve dramatically from the day you start this book until the day you finish it.

So above all...

FINISH THE BOOK!

Then come back and find more drawing books to continue your journey into the world of drawing!

Every month we will be releasing new volumes in our LEARN DRAW FAST series, SO CHECK BACK OFTEN!

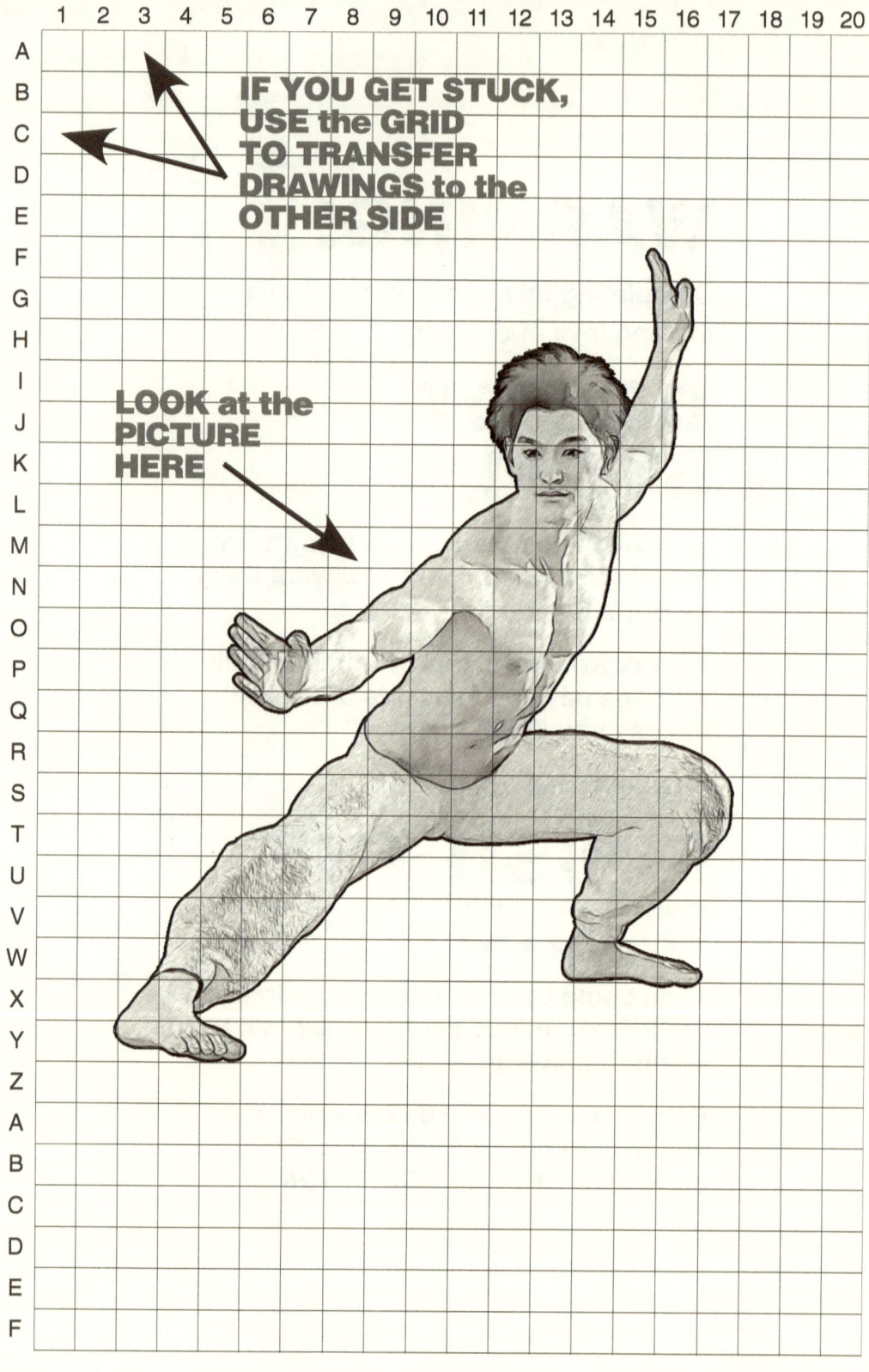

IF YOU GET STUCK,
USE the GRID
TO TRANSFER
DRAWINGS to the
OTHER SIDE

LOOK at the
PICTURE
HERE

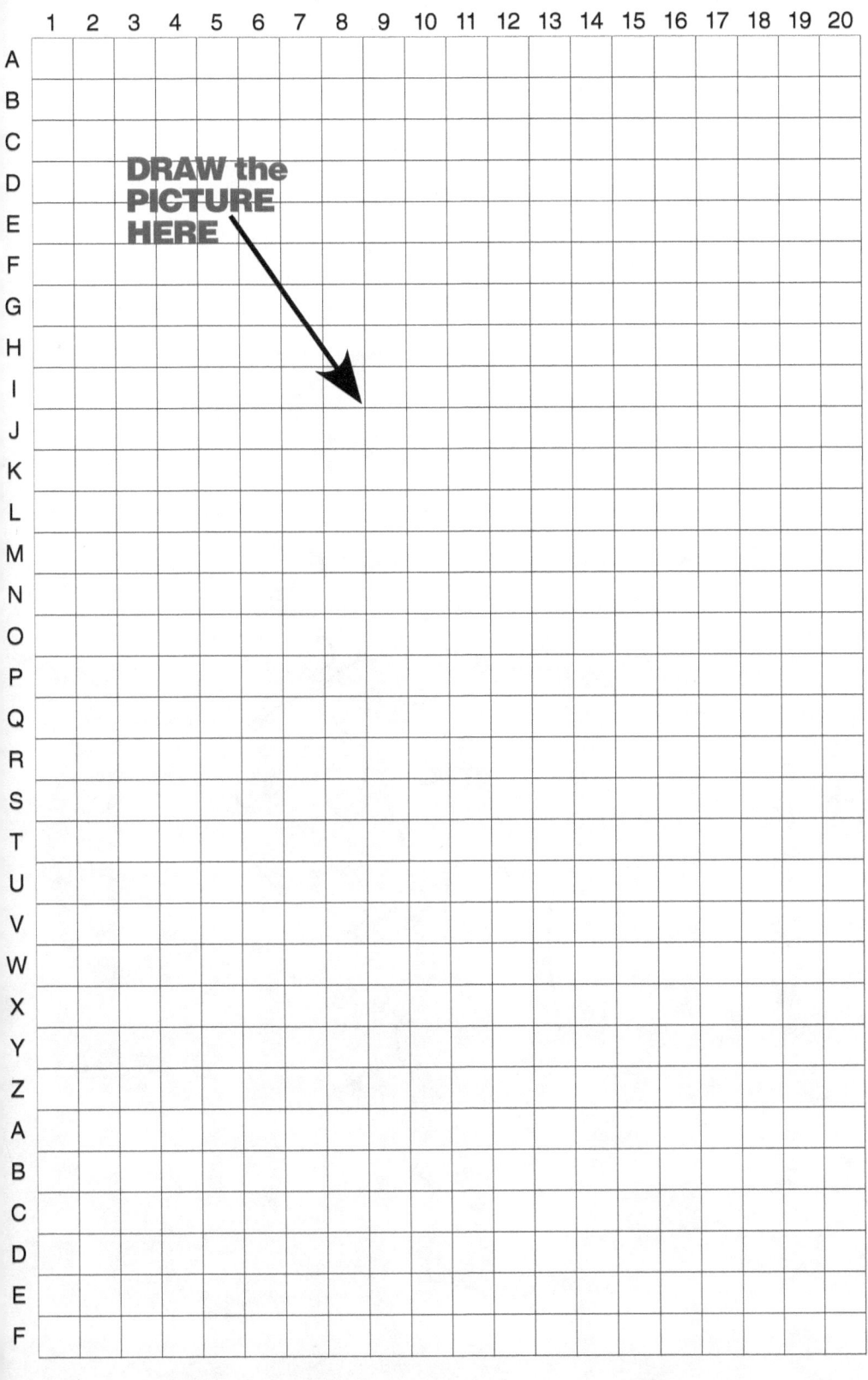

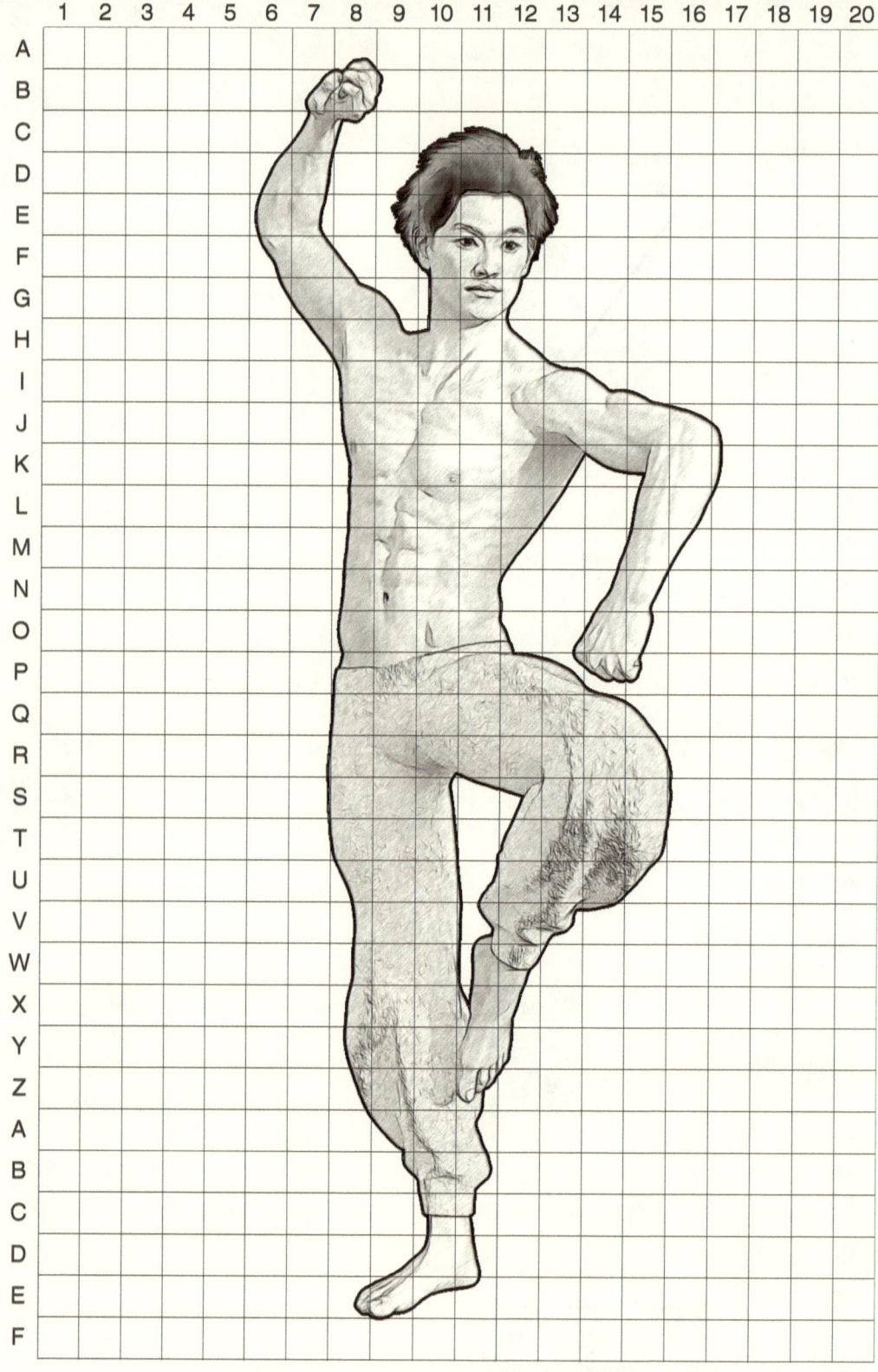

	1	2	3	4	5	6	7	8	9	10	11	12	13	14	15	16	17	18	19	20
A																				
B																				
C																				
D																				
E																				
F																				
G																				
H																				
I																				
J																				
K																				
L																				
M																				
N																				
O																				
P																				
Q																				
R																				
S																				
T																				
U																				
V																				
W																				
X																				
Y																				
Z																				
A																				
B																				
C																				
D																				
E																				
F																				

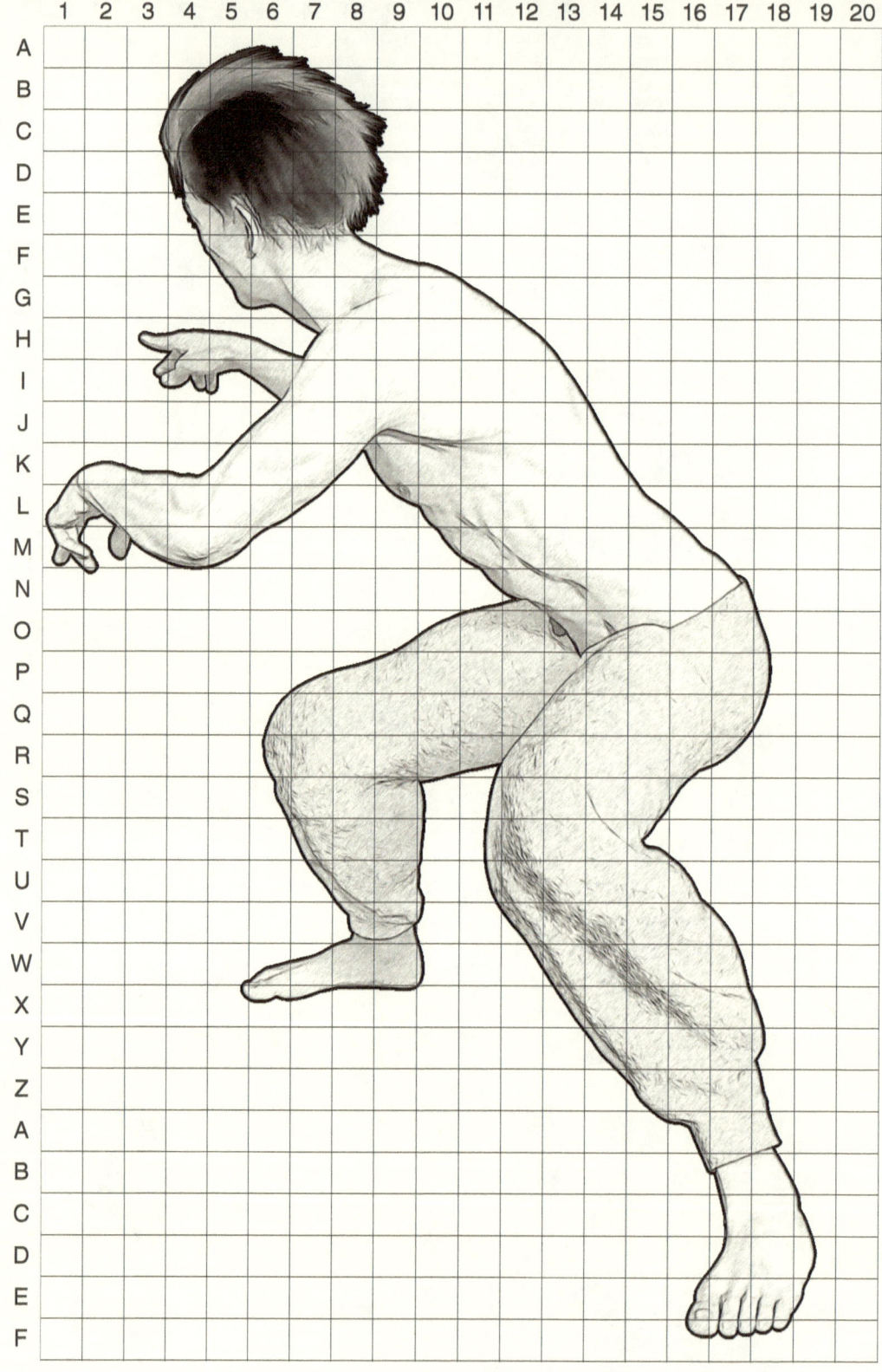

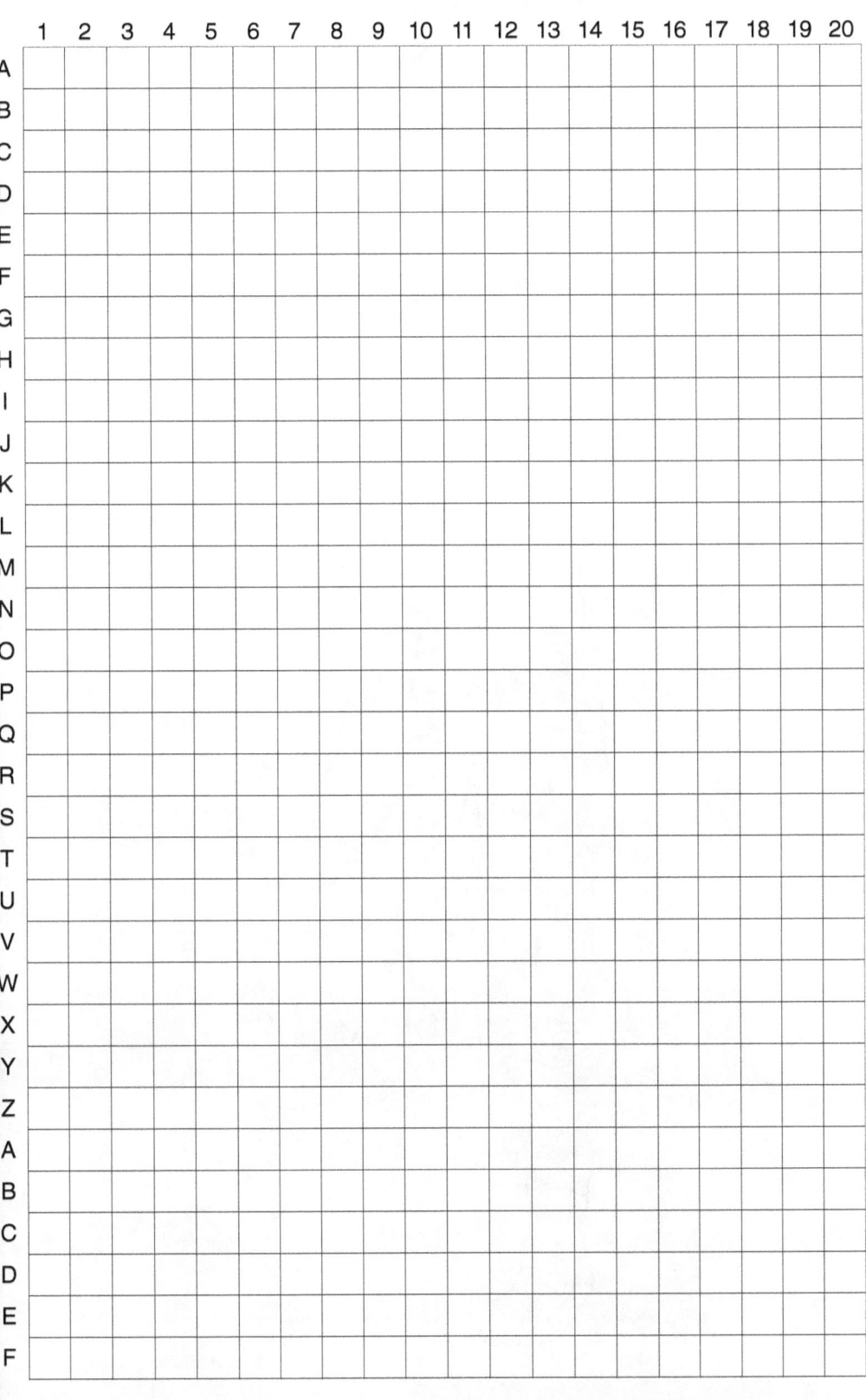

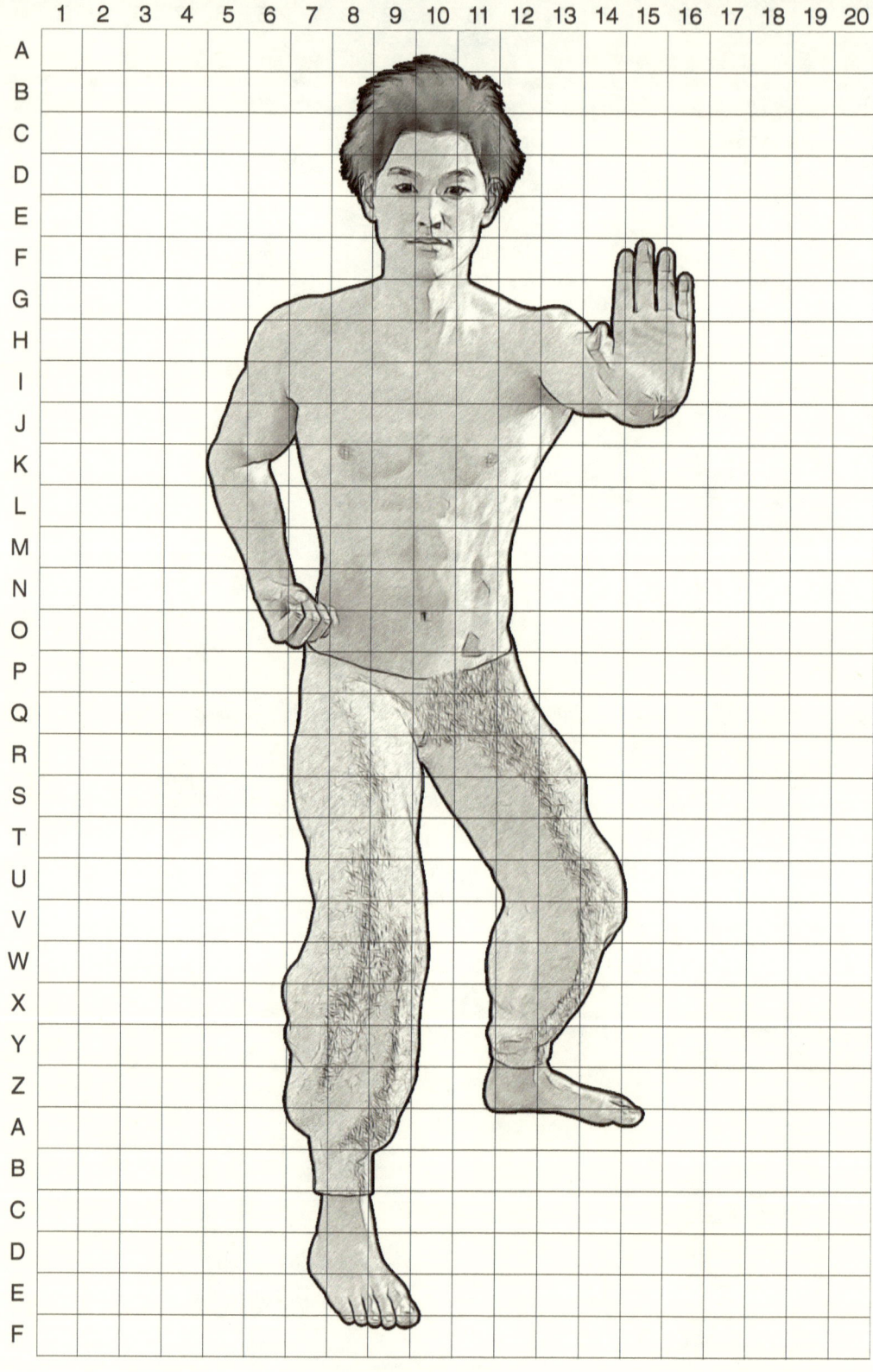

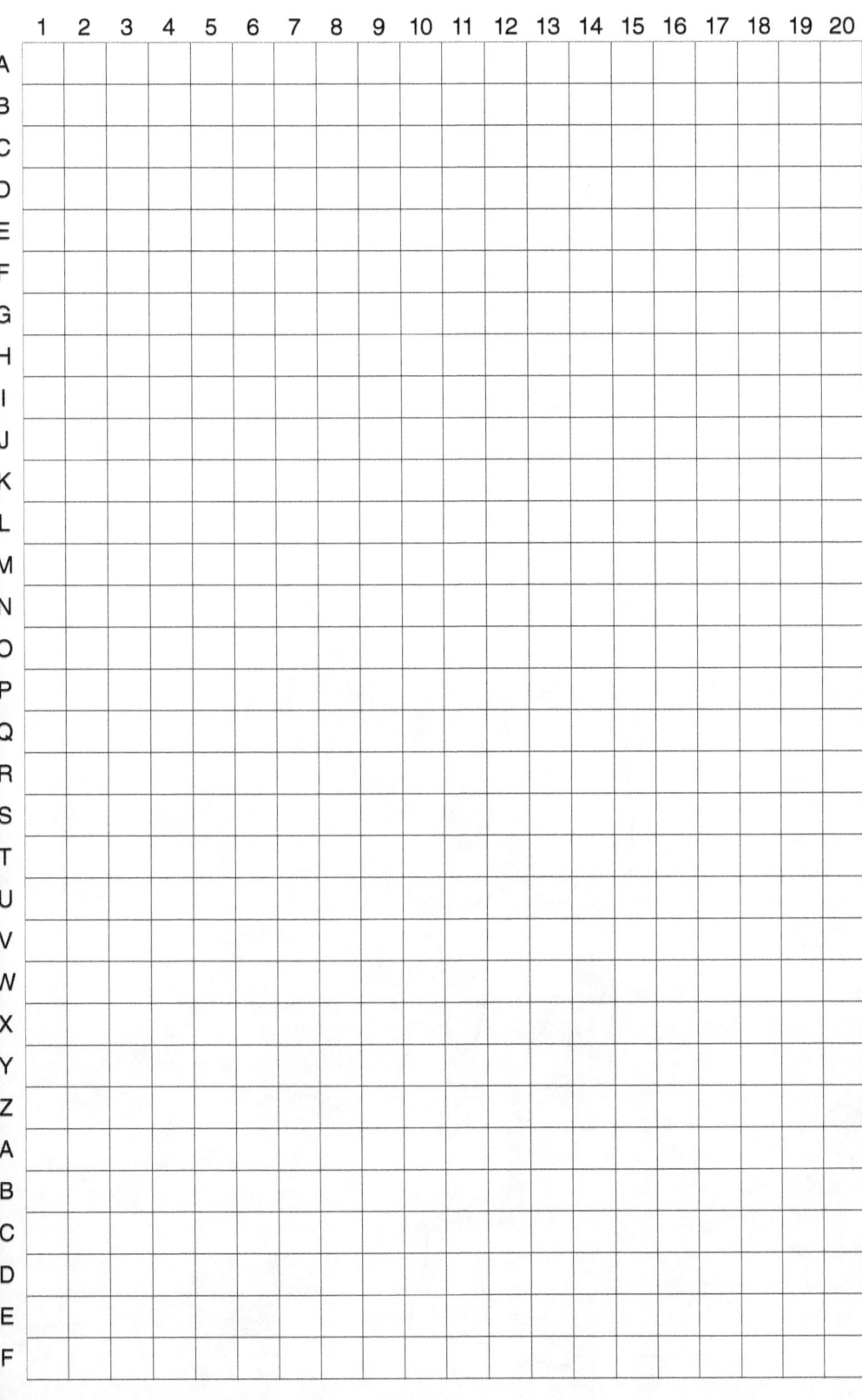

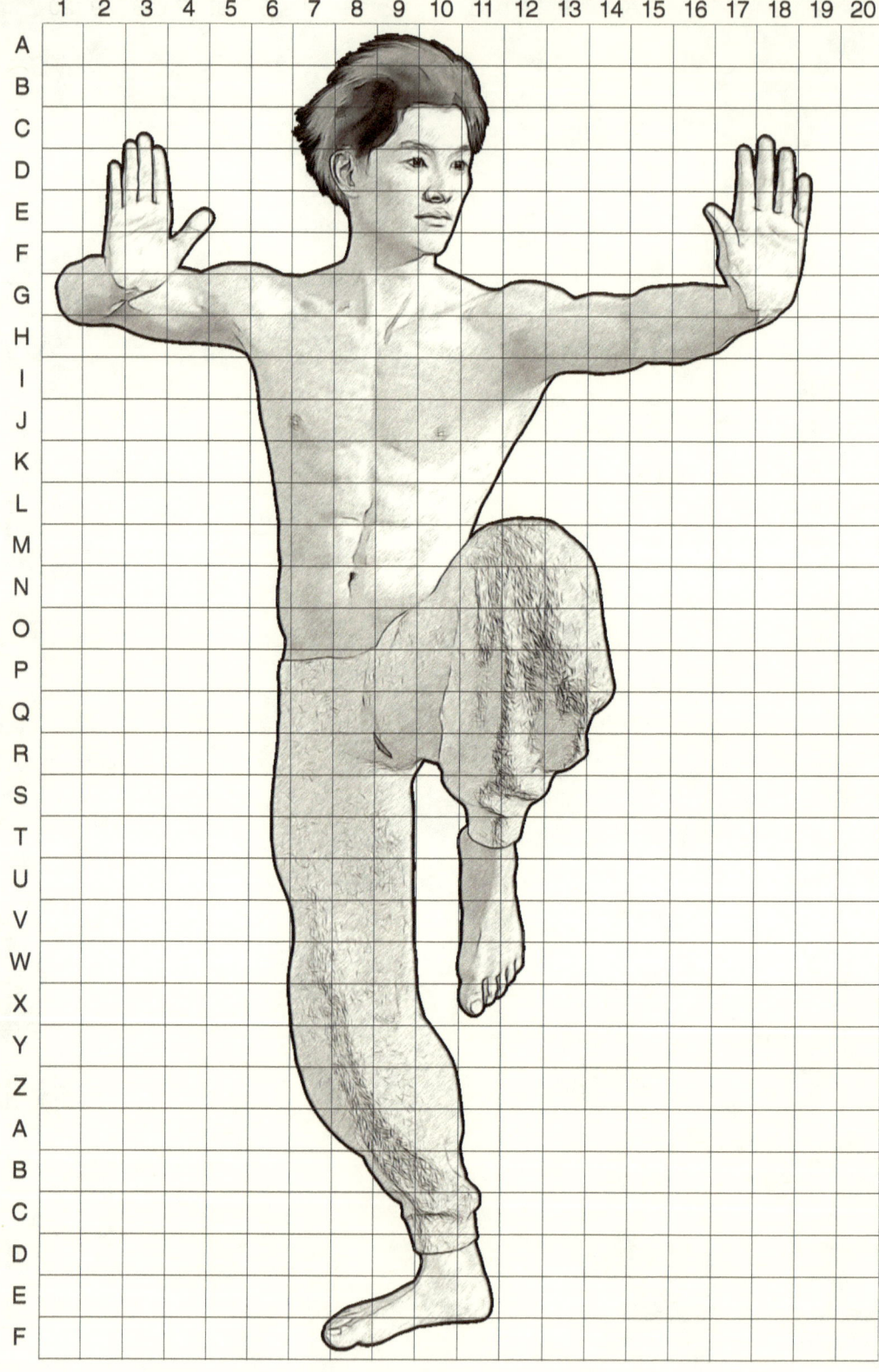

	1	2	3	4	5	6	7	8	9	10	11	12	13	14	15	16	17	18	19	20
A																				
B																				
C																				
D																				
E																				
F																				
G																				
H																				
I																				
J																				
K																				
L																				
M																				
N																				
O																				
P																				
Q																				
R																				
S																				
T																				
U																				
V																				
W																				
X																				
Y																				
Z																				
A																				
B																				
C																				
D																				
E																				
F																				

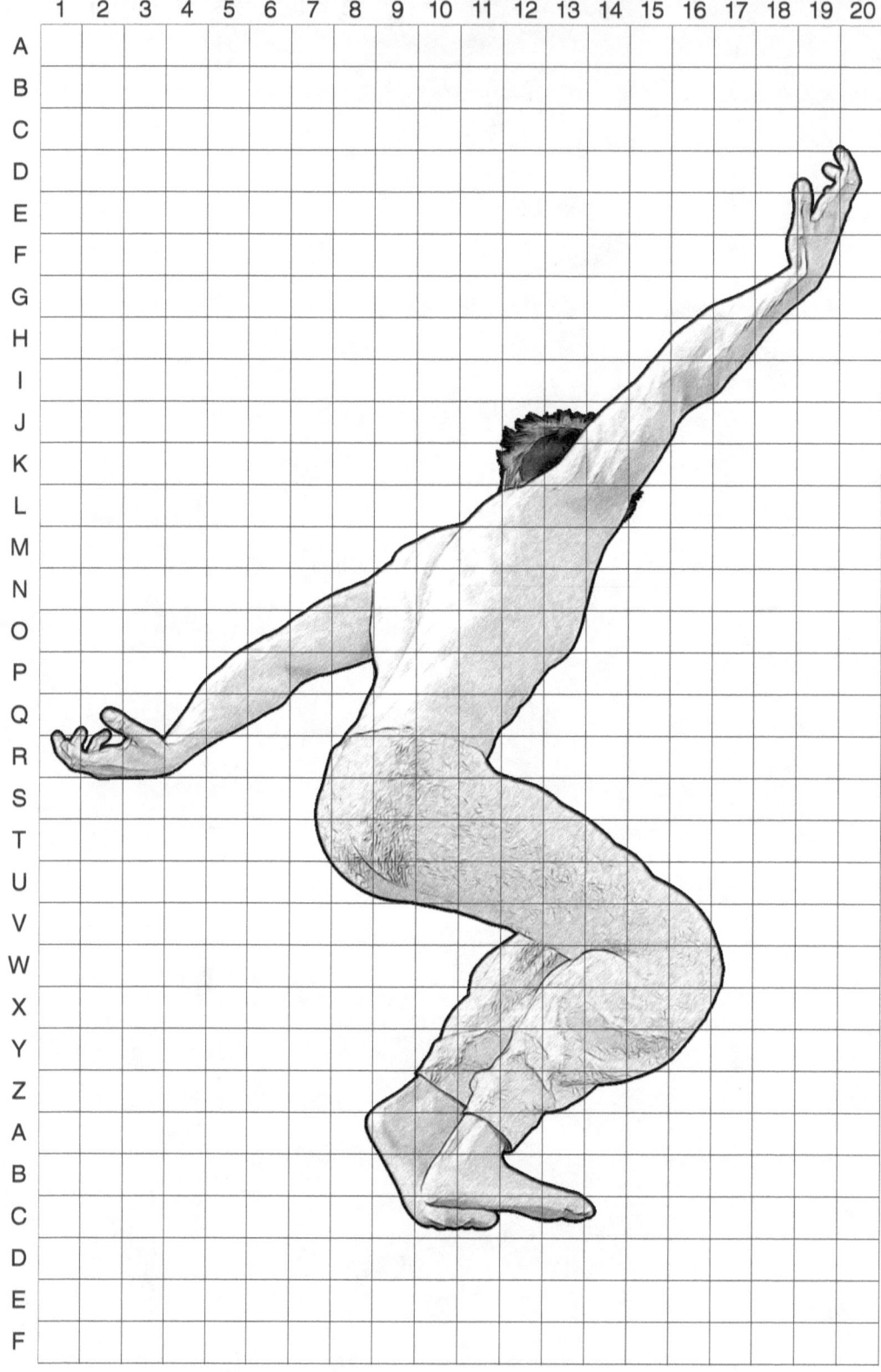

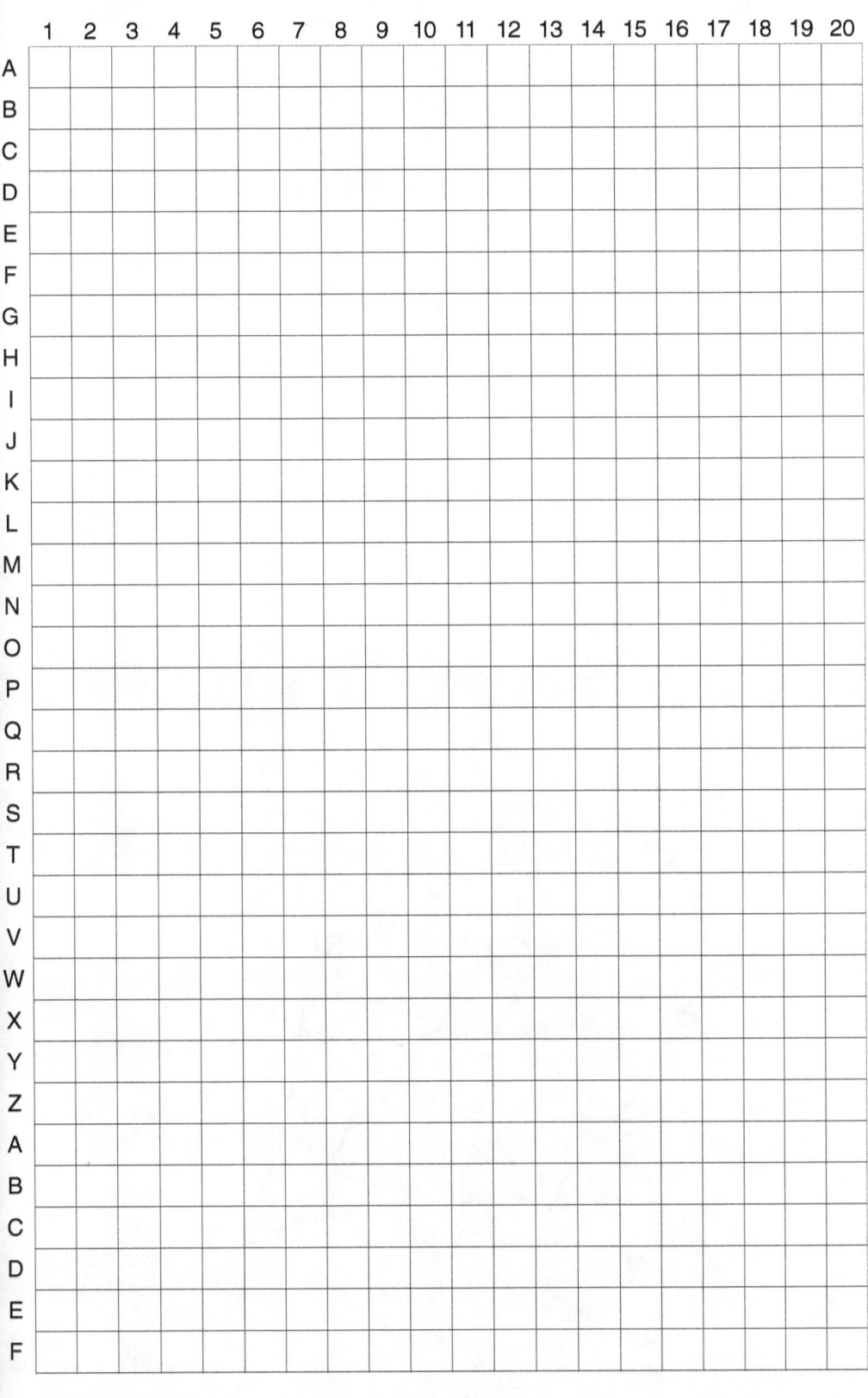

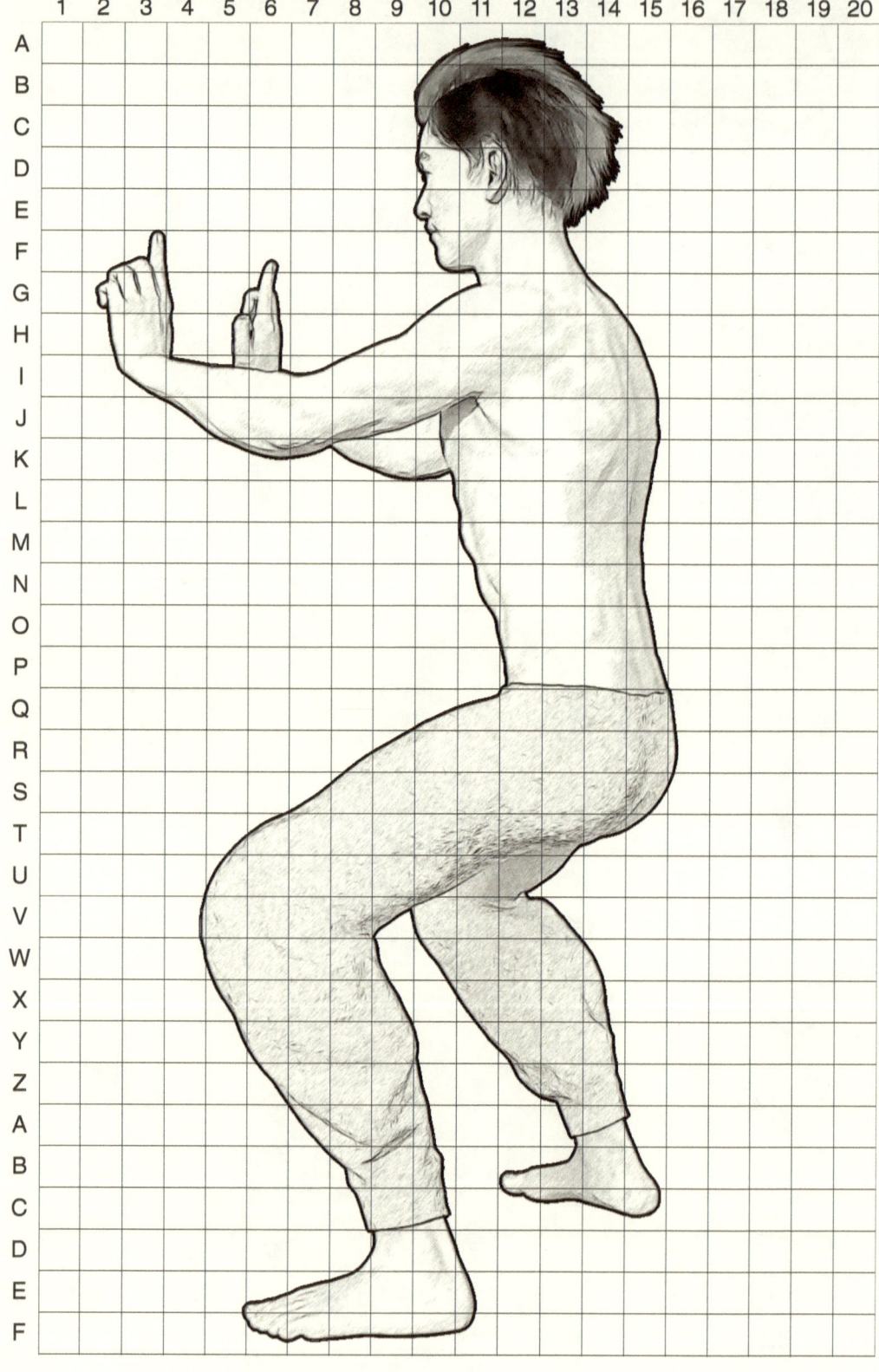

	1	2	3	4	5	6	7	8	9	10	11	12	13	14	15	16	17	18	19	20
A																				
B																				
C																				
D																				
E																				
F																				
G																				
H																				
I																				
J																				
K																				
L																				
M																				
N																				
O																				
P																				
Q																				
R																				
S																				
T																				
U																				
V																				
W																				
X																				
Y																				
Z																				
A																				
B																				
C																				
D																				
E																				
F																				

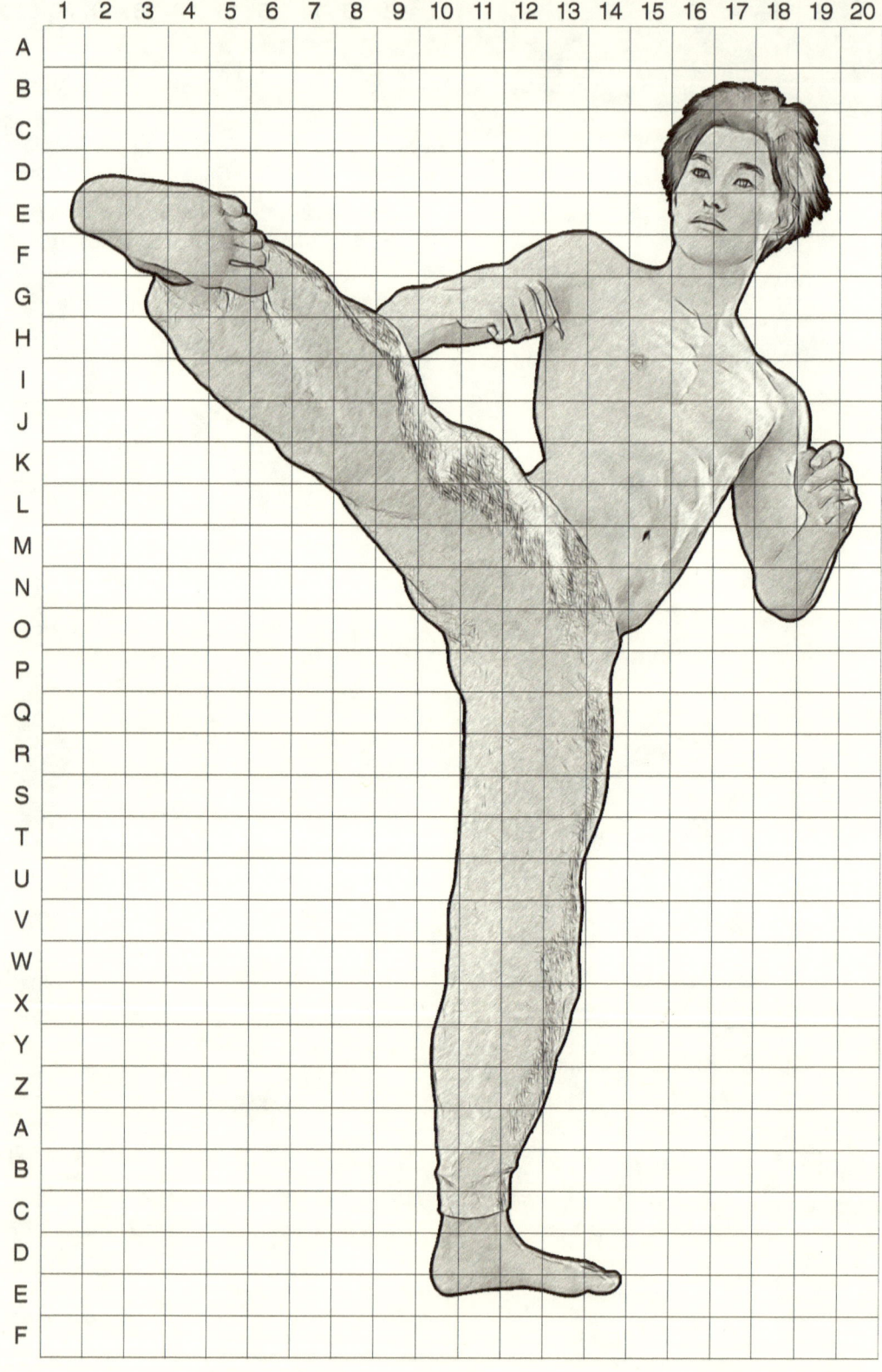

	1	2	3	4	5	6	7	8	9	10	11	12	13	14	15	16	17	18	19	20
A																				
B																				
C																				
D																				
E																				
F																				
G																				
H																				
I																				
J																				
K																				
L																				
M																				
N																				
O																				
P																				
Q																				
R																				
S																				
T																				
U																				
V																				
W																				
X																				
Y																				
Z																				
A																				
B																				
C																				
D																				
E																				
F																				

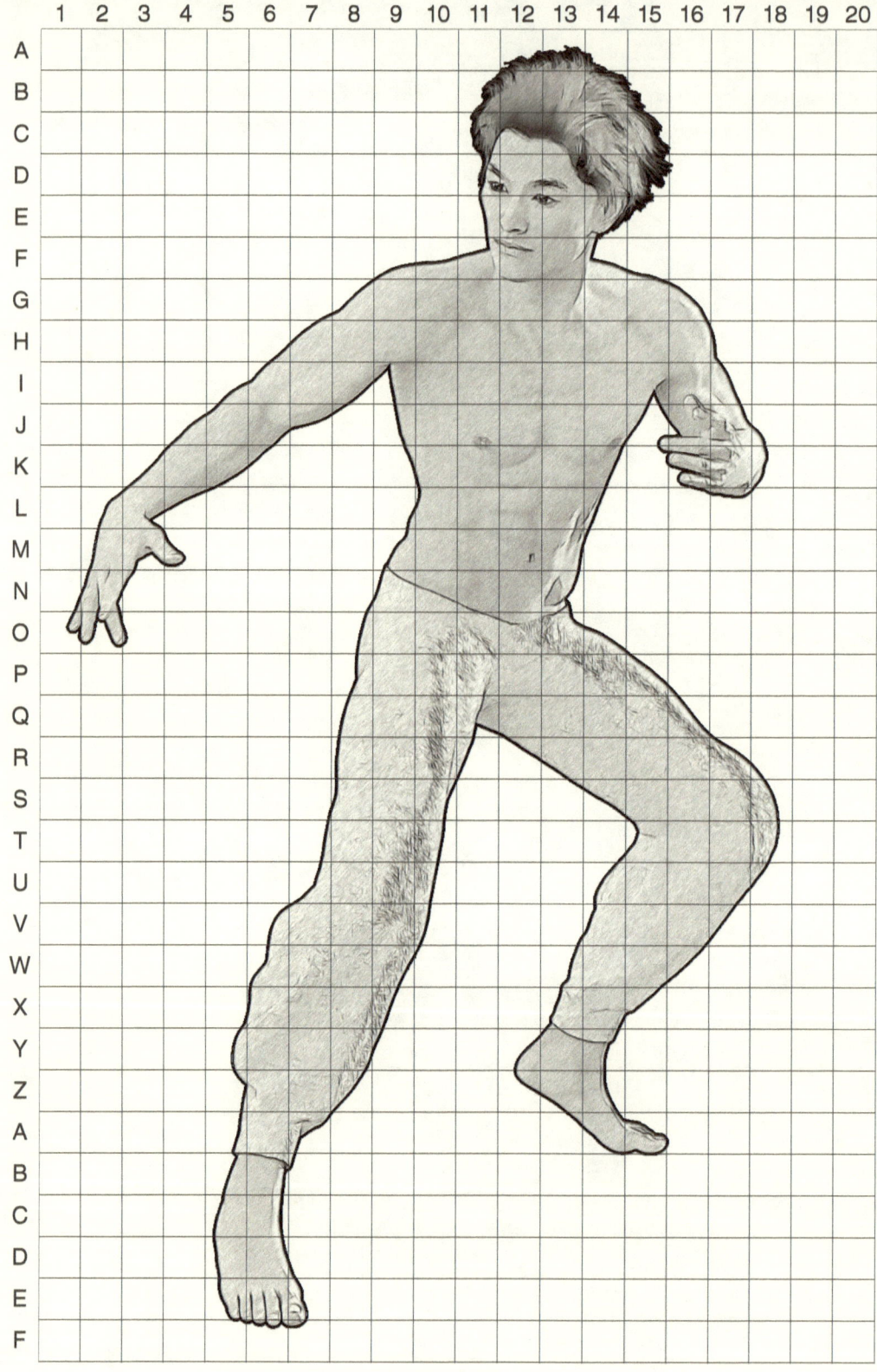

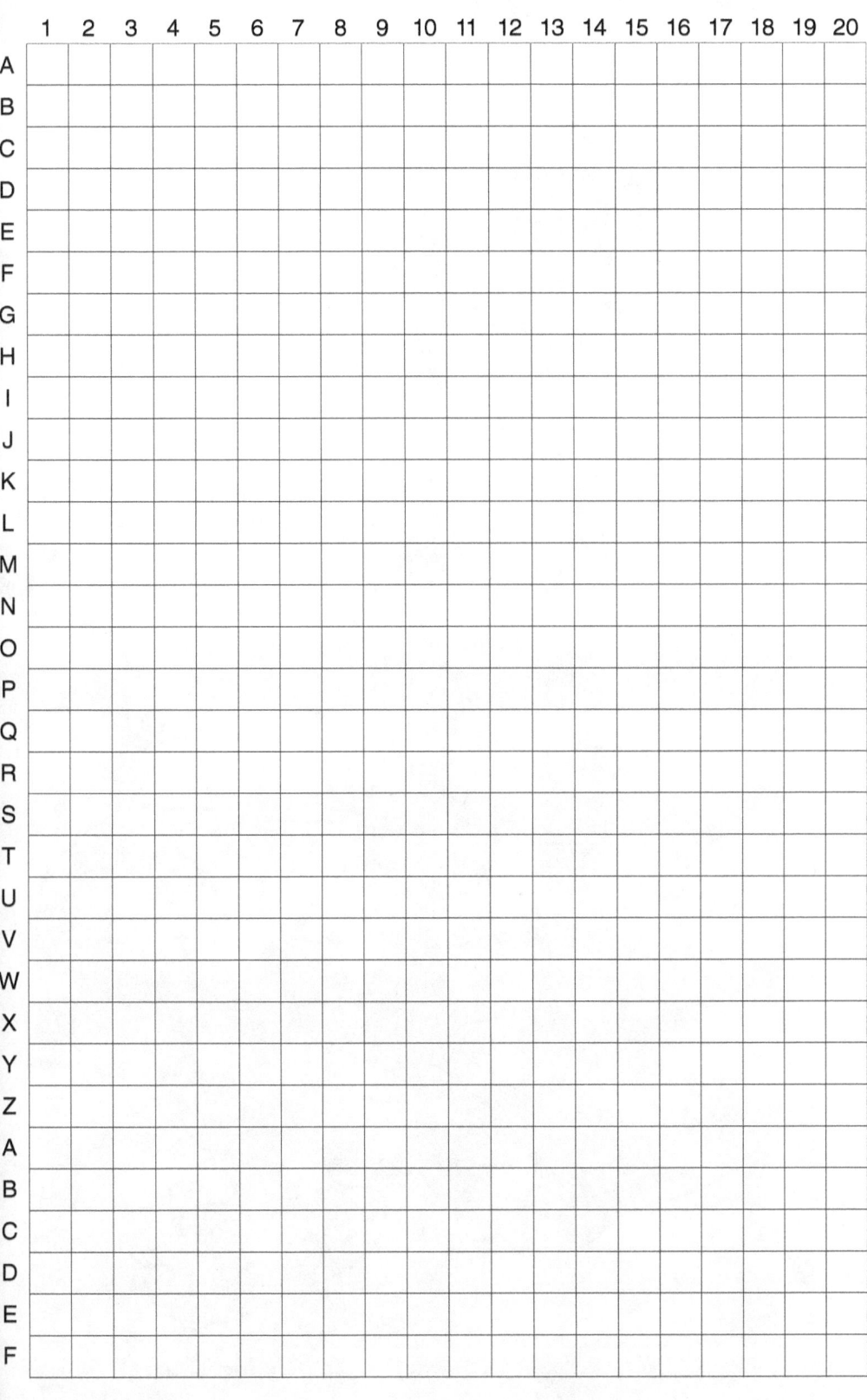

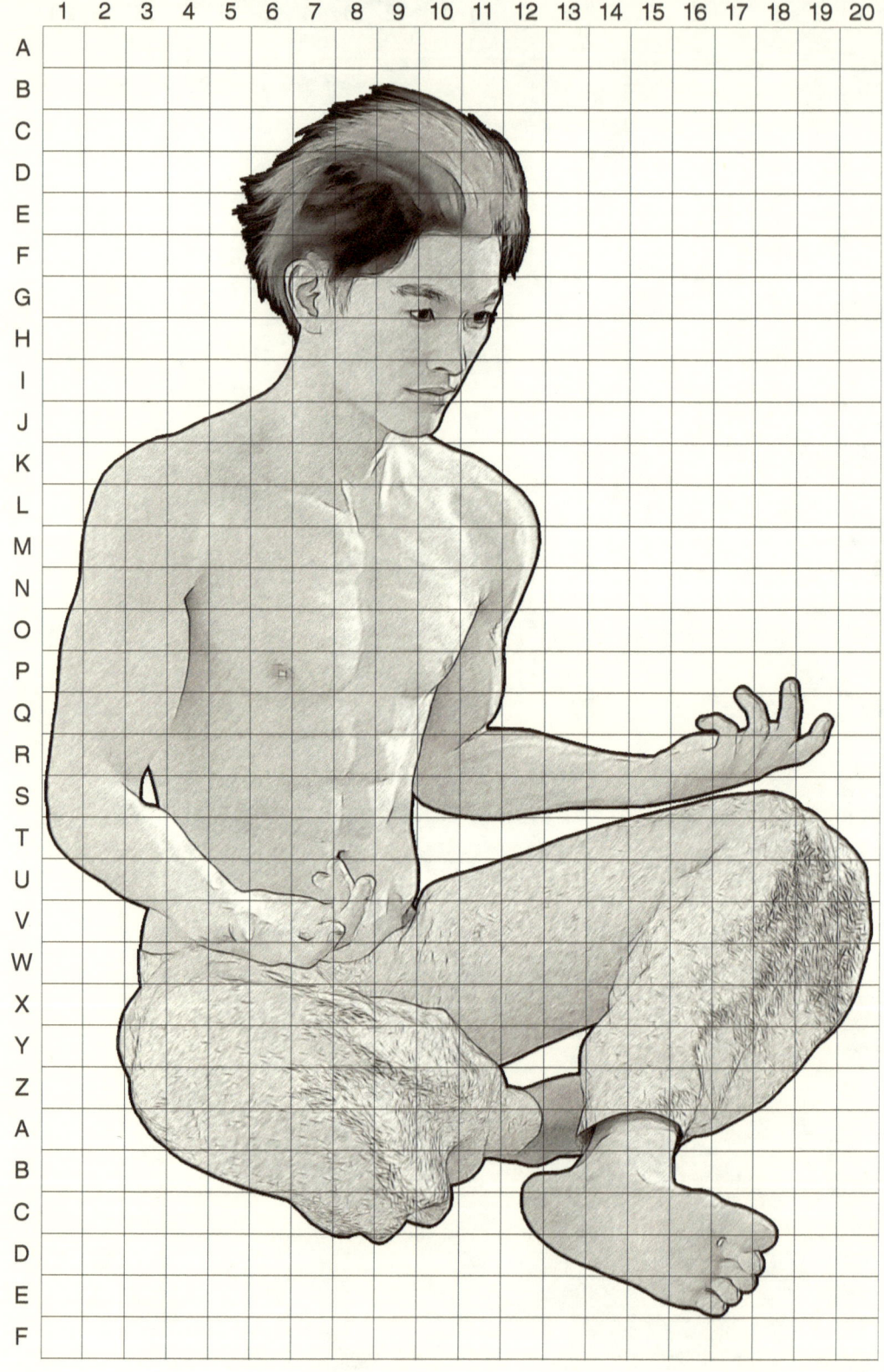

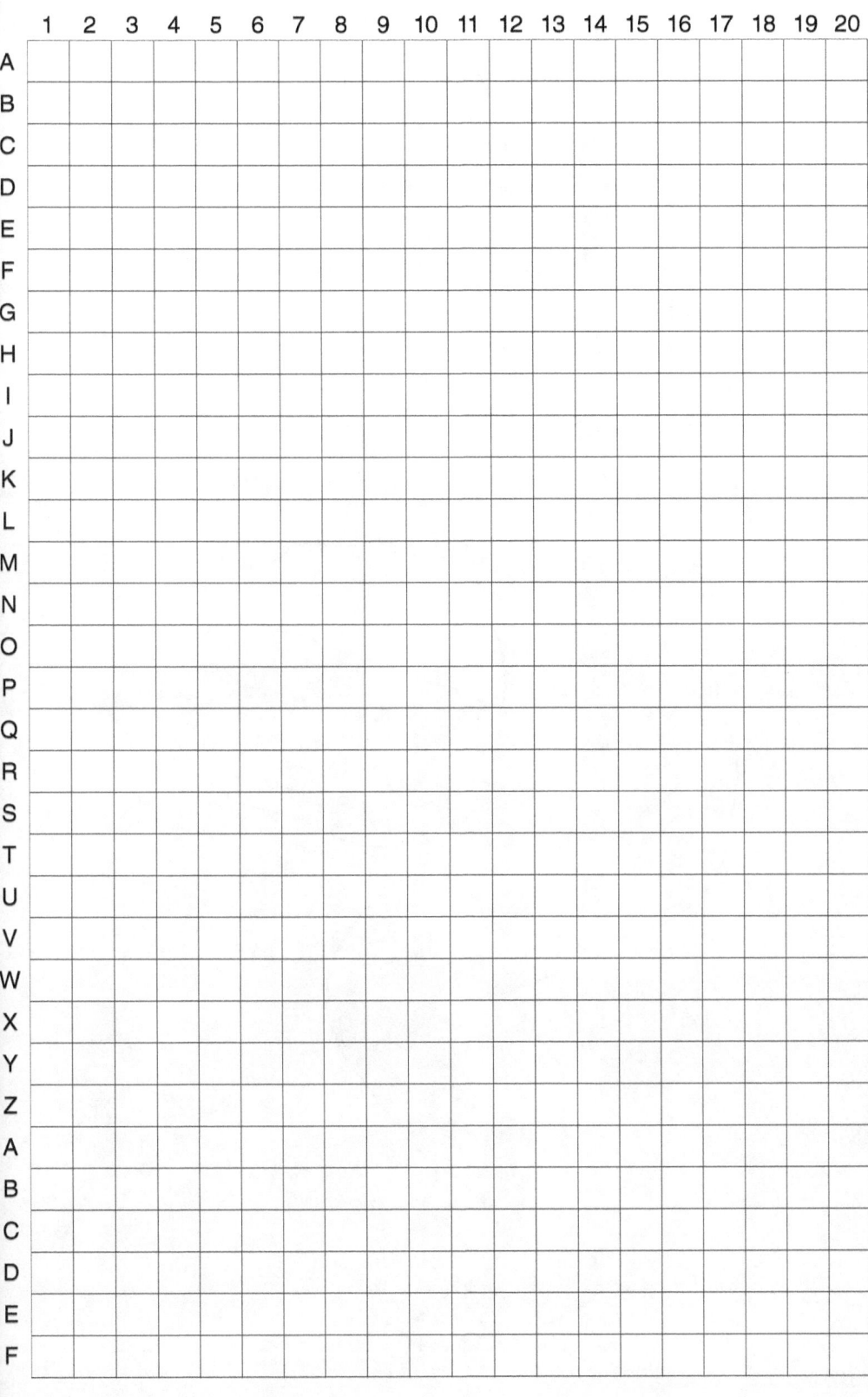

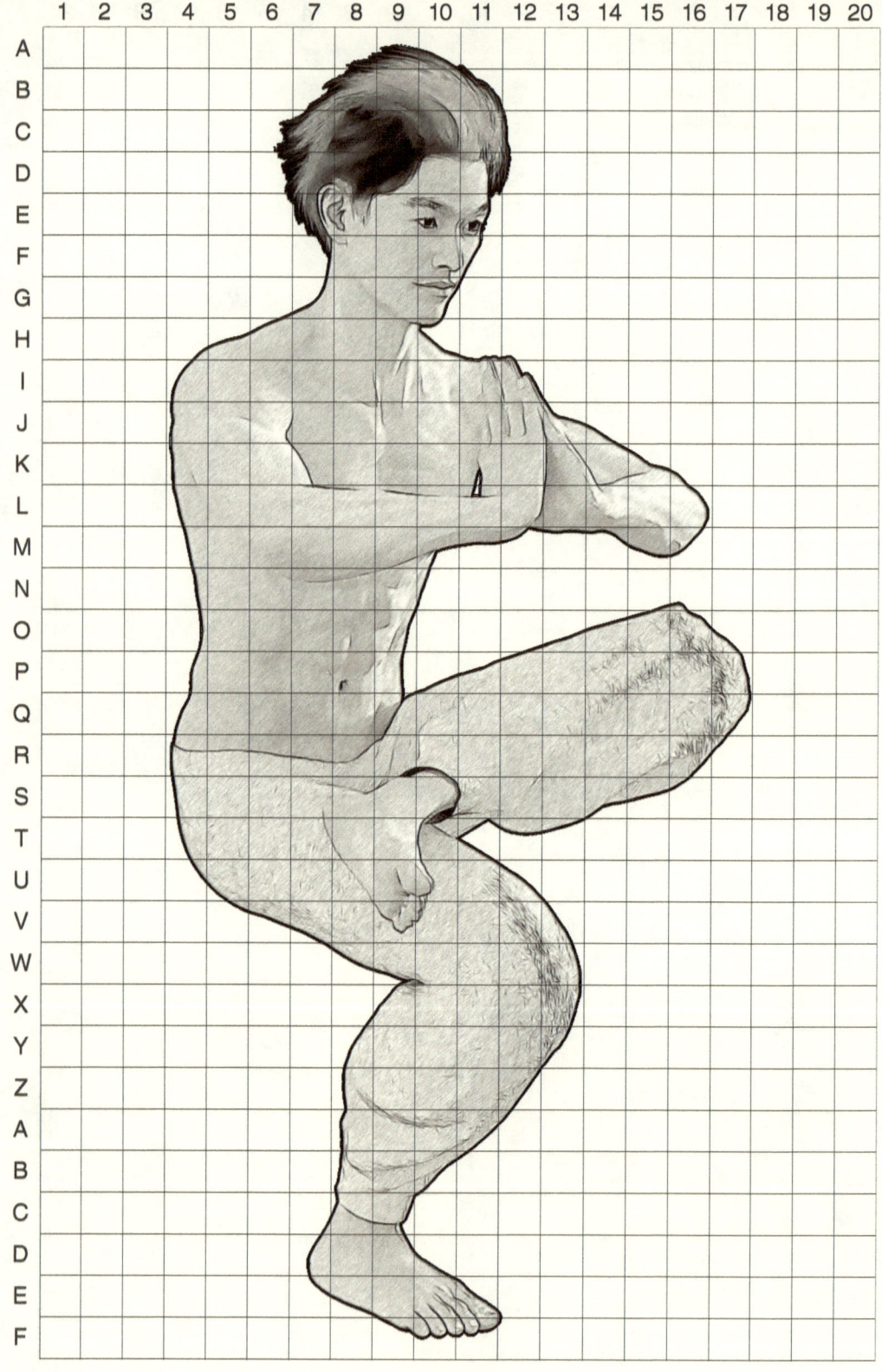

	1	2	3	4	5	6	7	8	9	10	11	12	13	14	15	16	17	18	19	20
A																				
B																				
C																				
D																				
E																				
F																				
G																				
H																				
I																				
J																				
K																				
L																				
M																				
N																				
O																				
P																				
Q																				
R																				
S																				
T																				
U																				
V																				
W																				
X																				
Y																				
Z																				
A																				
B																				
C																				
D																				
E																				
F																				

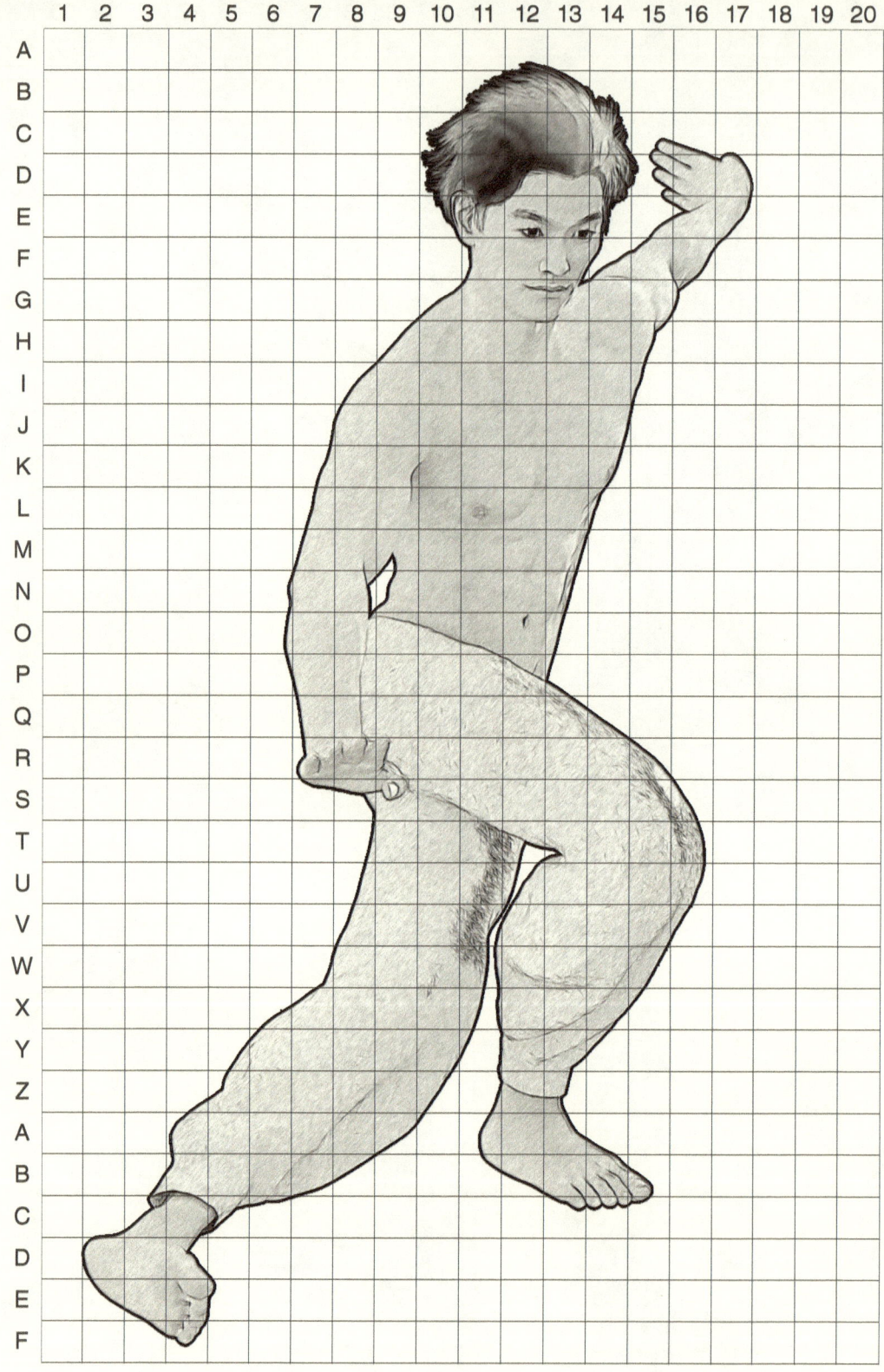

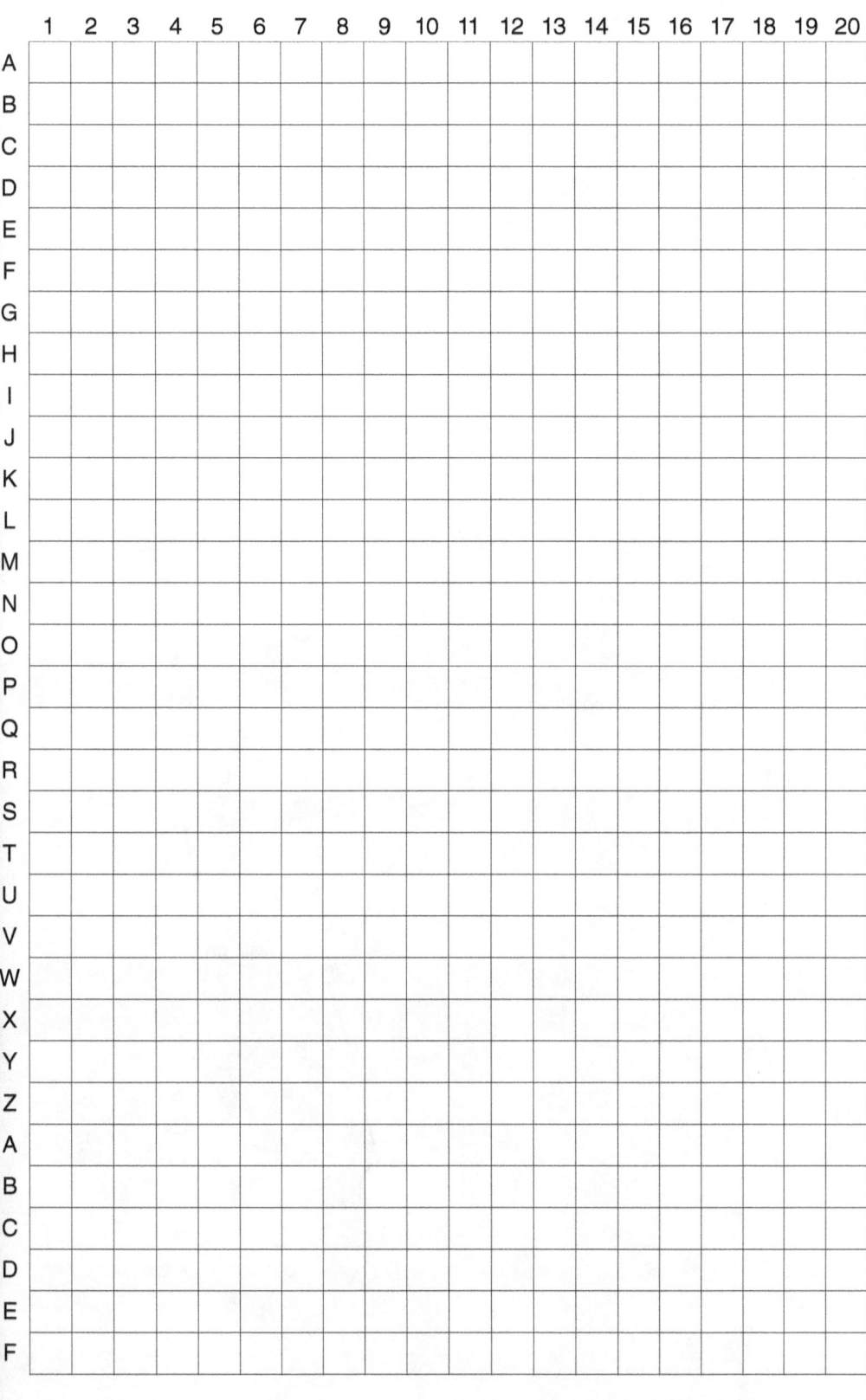

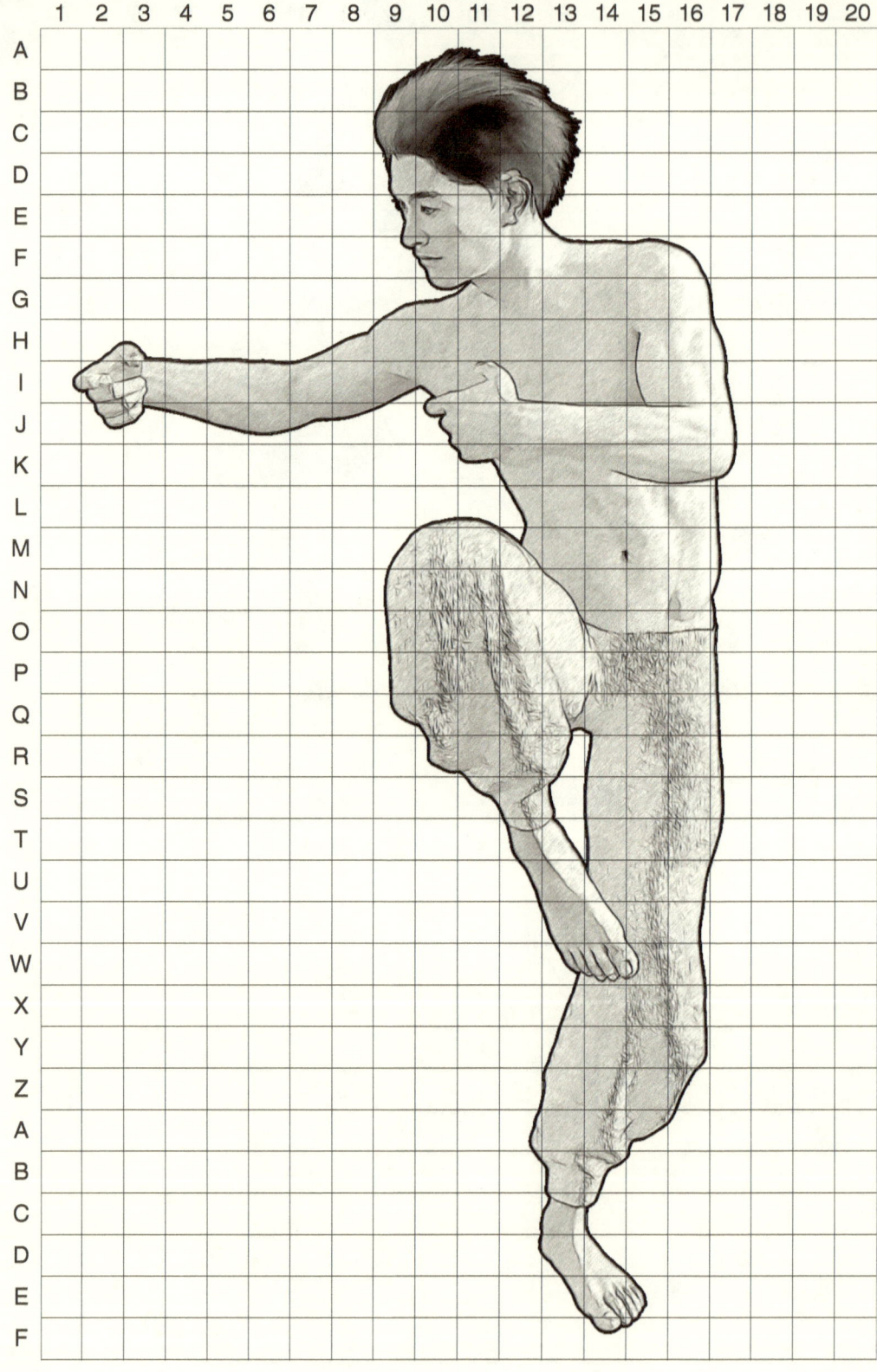

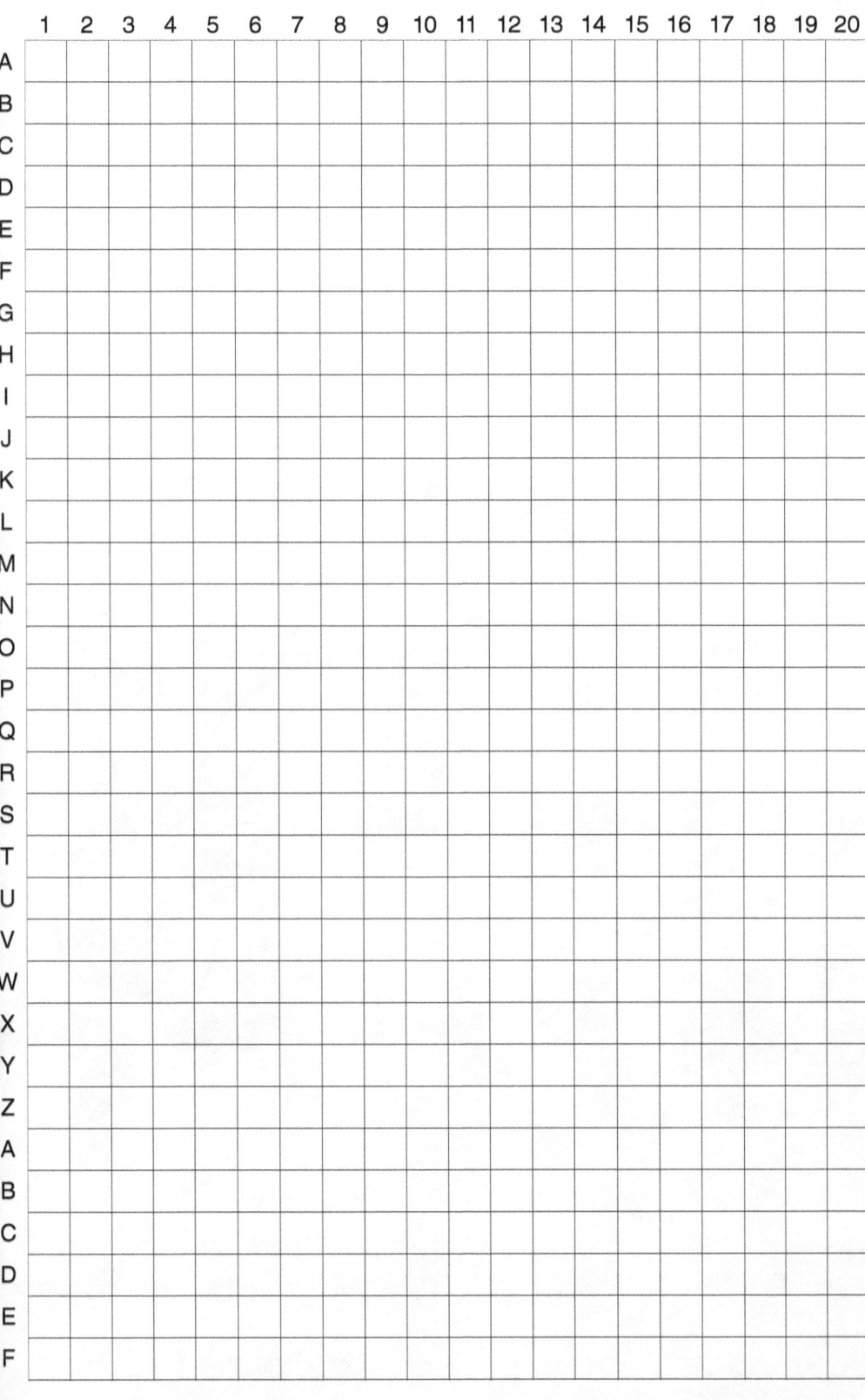

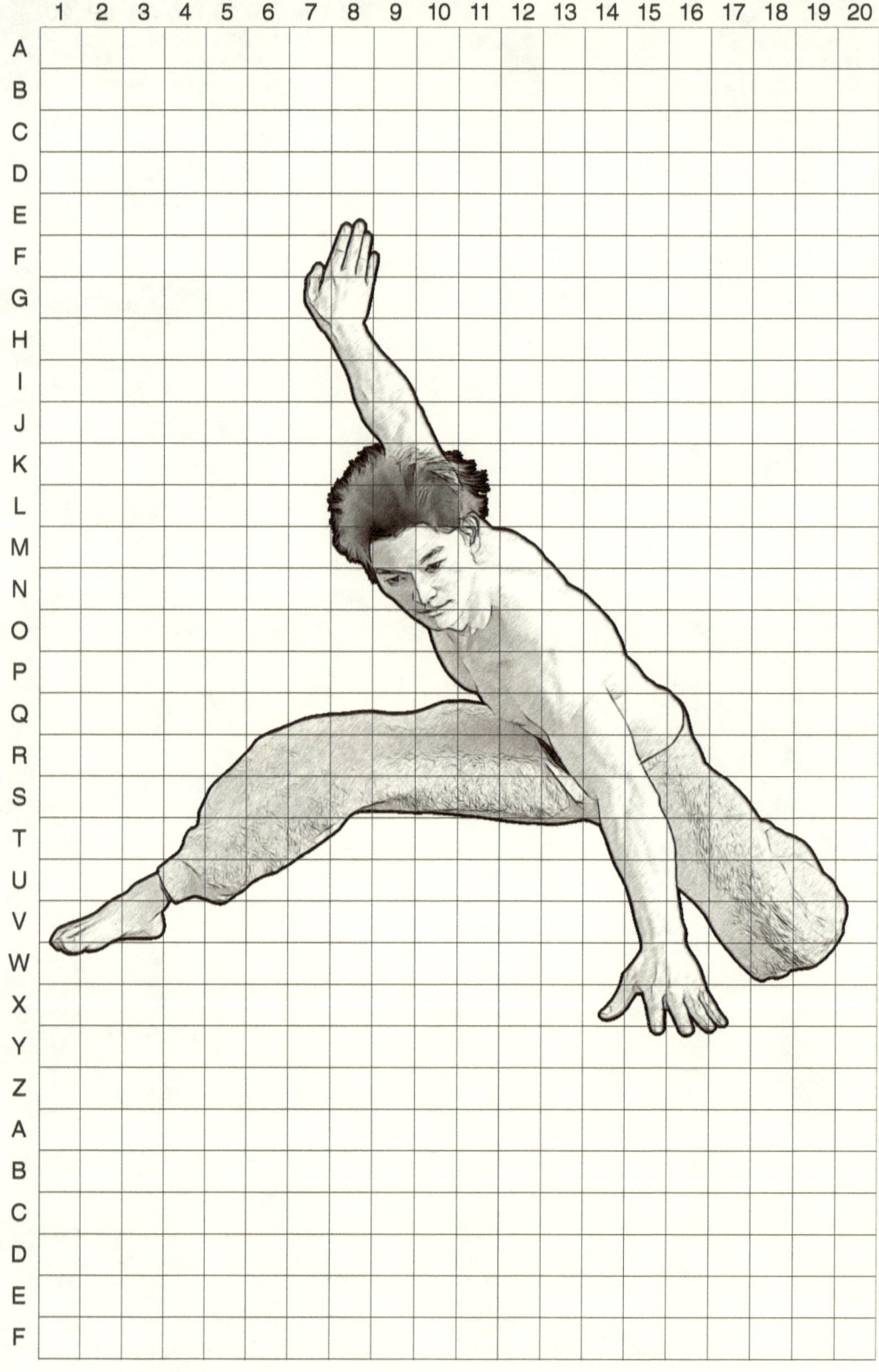

	1	2	3	4	5	6	7	8	9	10	11	12	13	14	15	16	17	18	19	20
A																				
B																				
C																				
D																				
E																				
F																				
G																				
H																				
I																				
J																				
K																				
L																				
M																				
N																				
O																				
P																				
Q																				
R																				
S																				
T																				
U																				
V																				
W																				
X																				
Y																				
Z																				
A																				
B																				
C																				
D																				
E																				
F																				

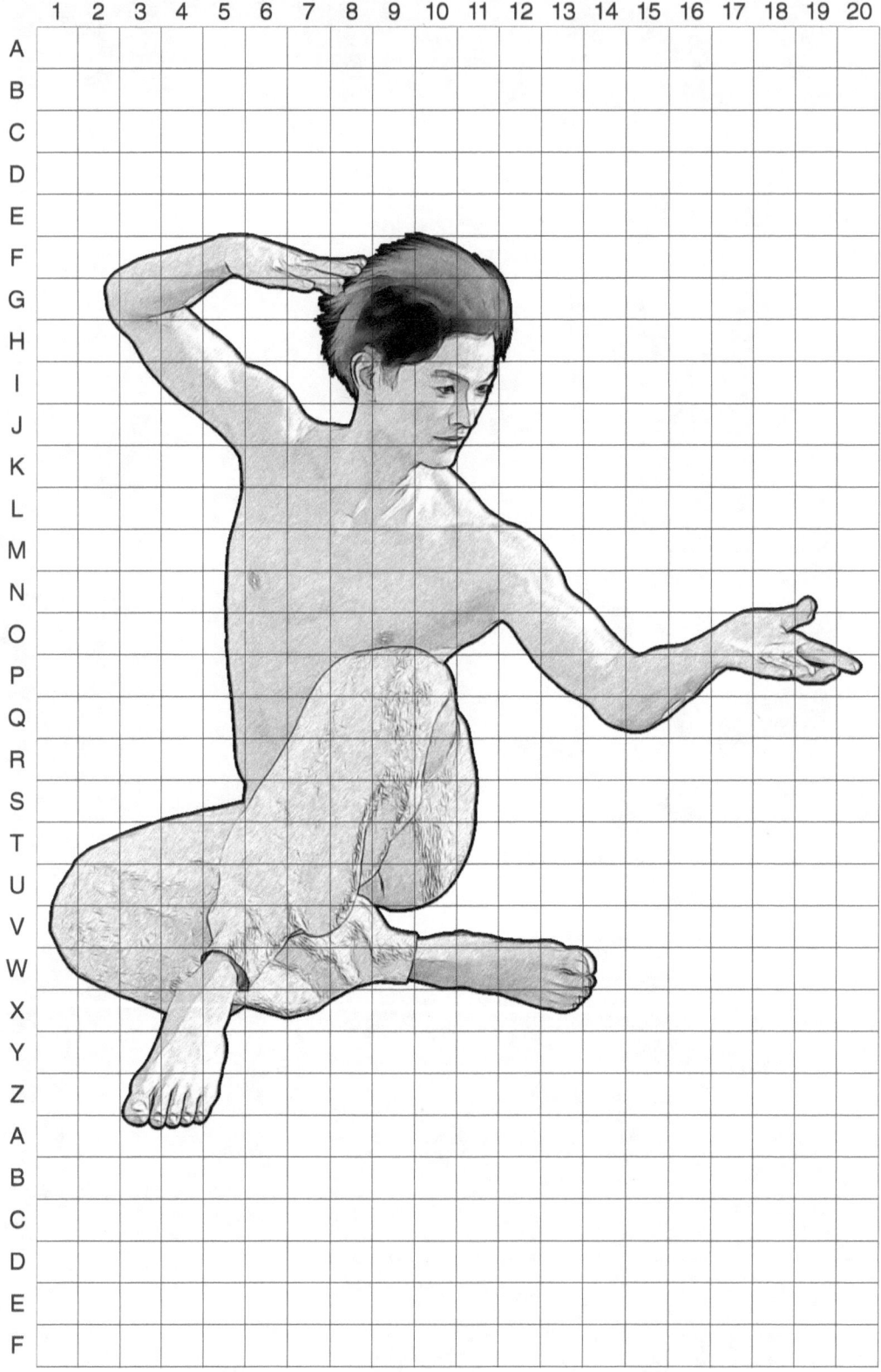

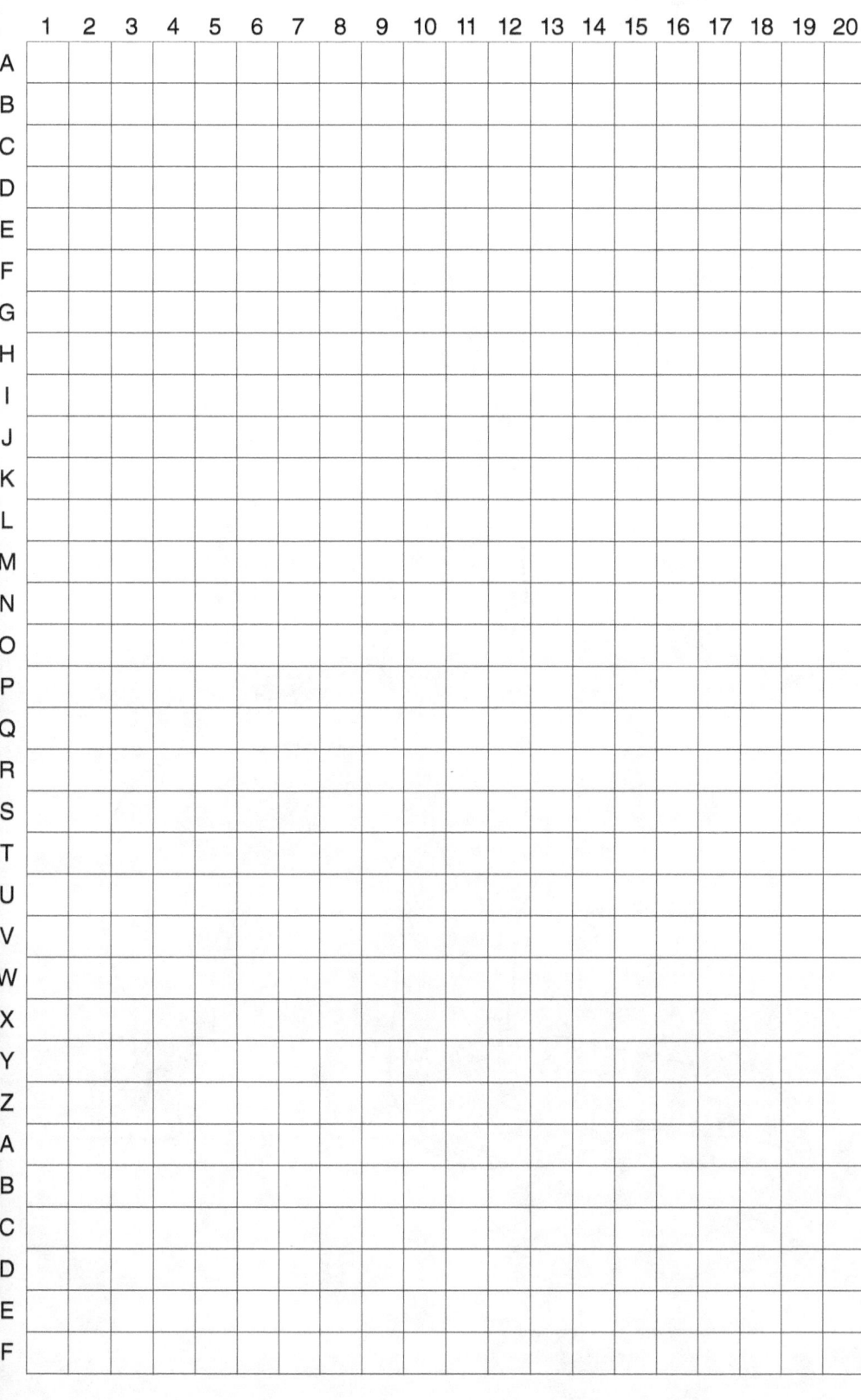

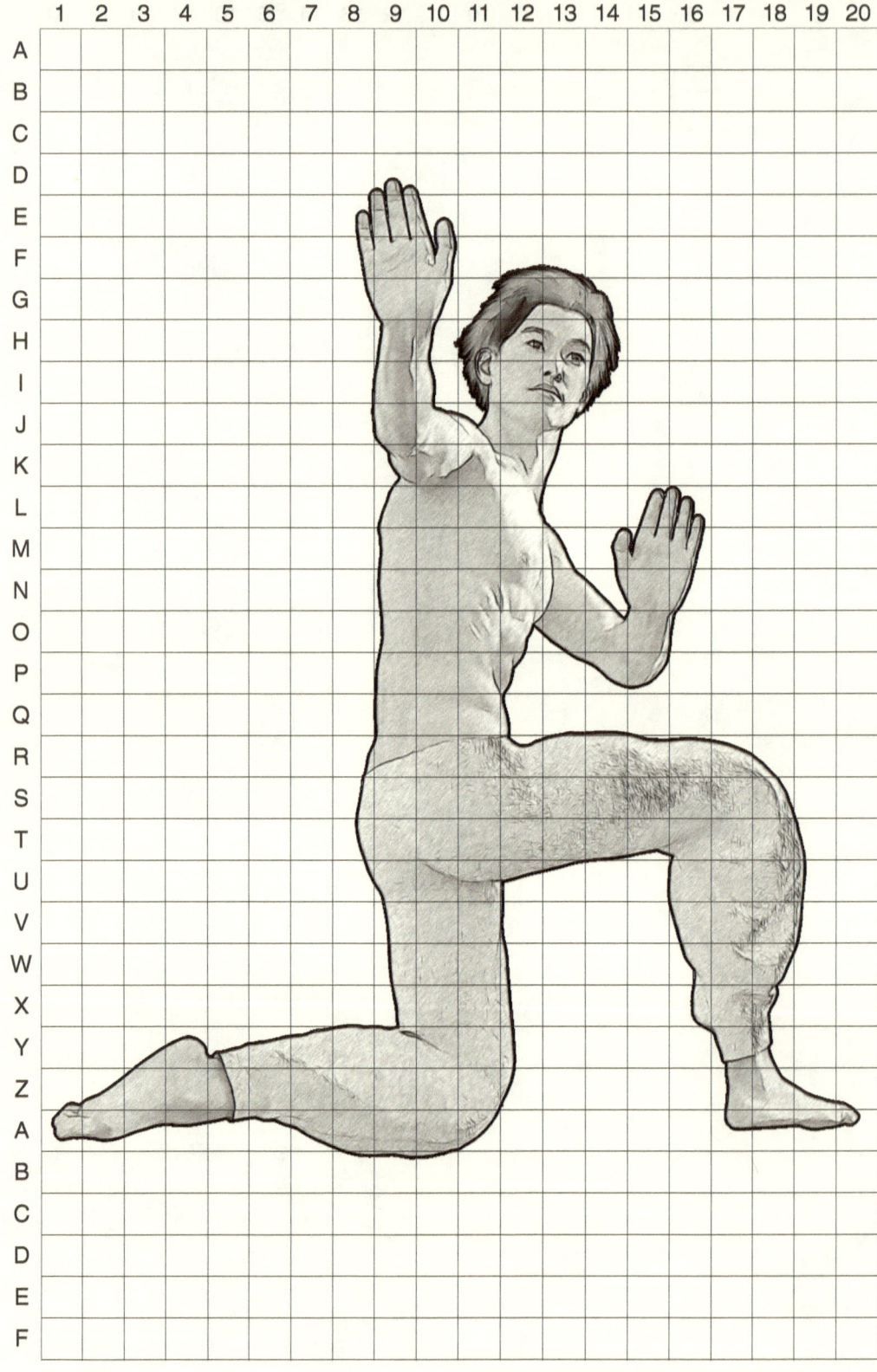

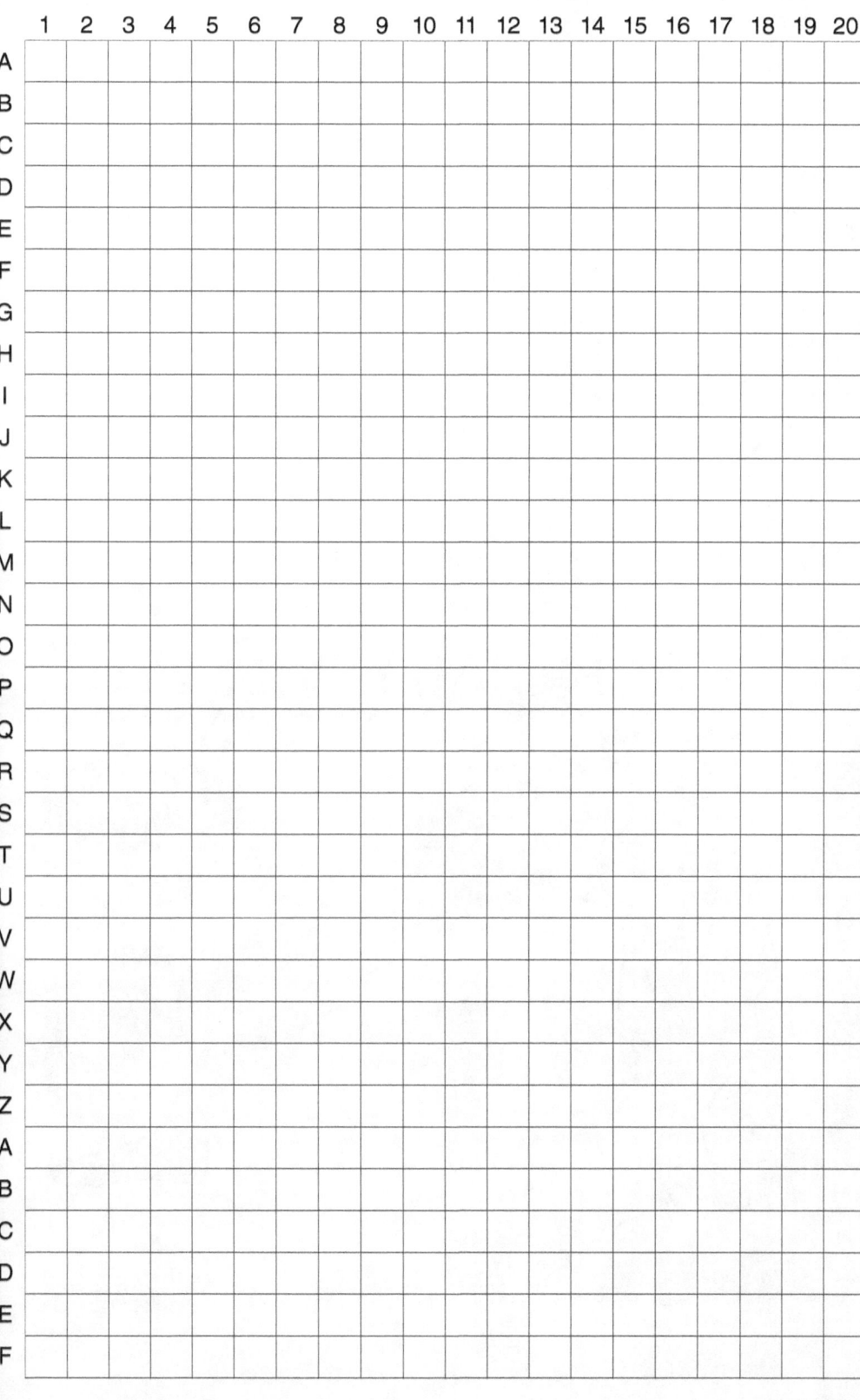

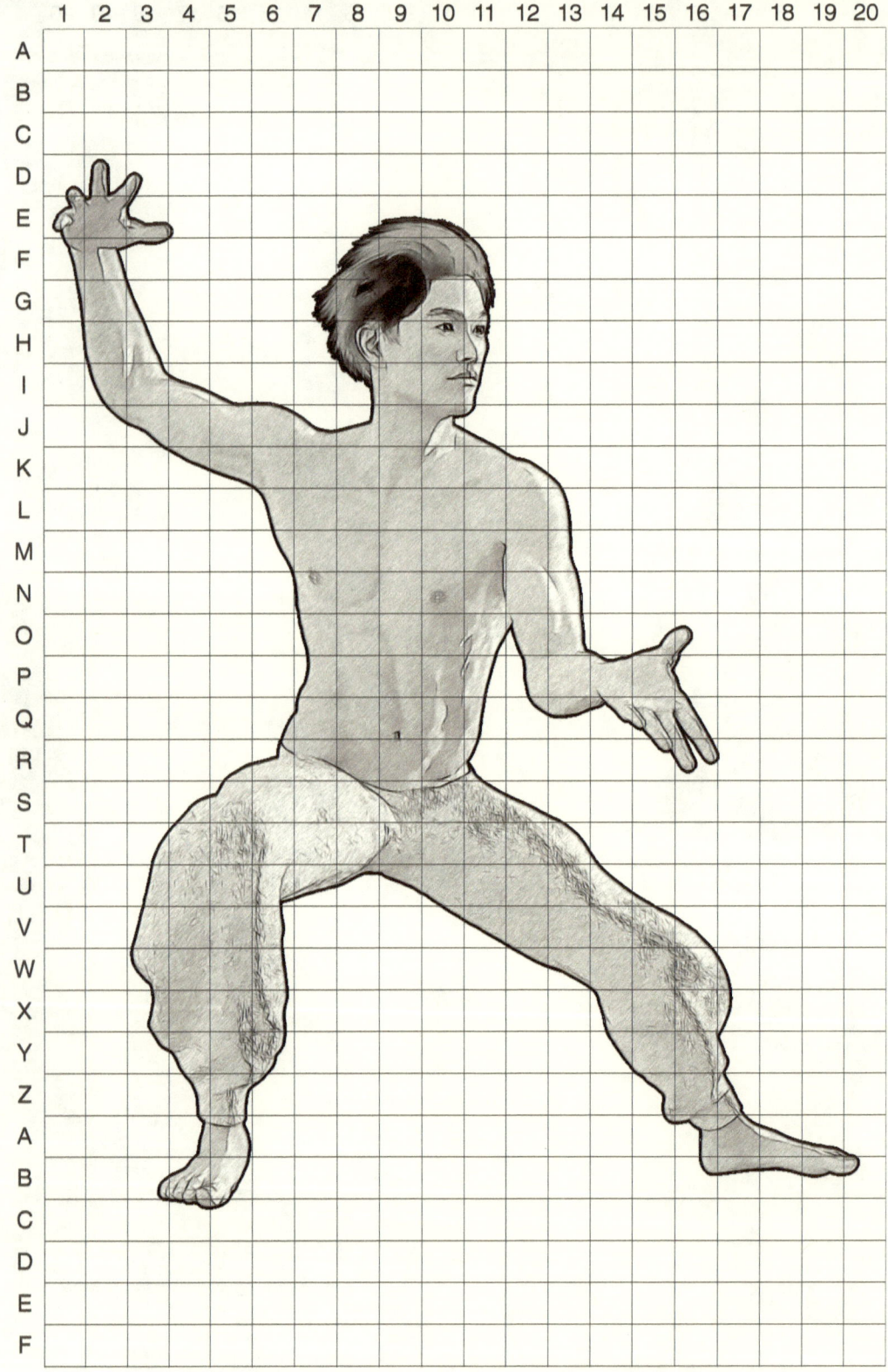

	1	2	3	4	5	6	7	8	9	10	11	12	13	14	15	16	17	18	19	20
A																				
B																				
C																				
D																				
E																				
F																				
G																				
H																				
I																				
J																				
K																				
L																				
M																				
N																				
O																				
P																				
Q																				
R																				
S																				
T																				
U																				
V																				
W																				
X																				
Y																				
Z																				
A																				
B																				
C																				
D																				
E																				
F																				

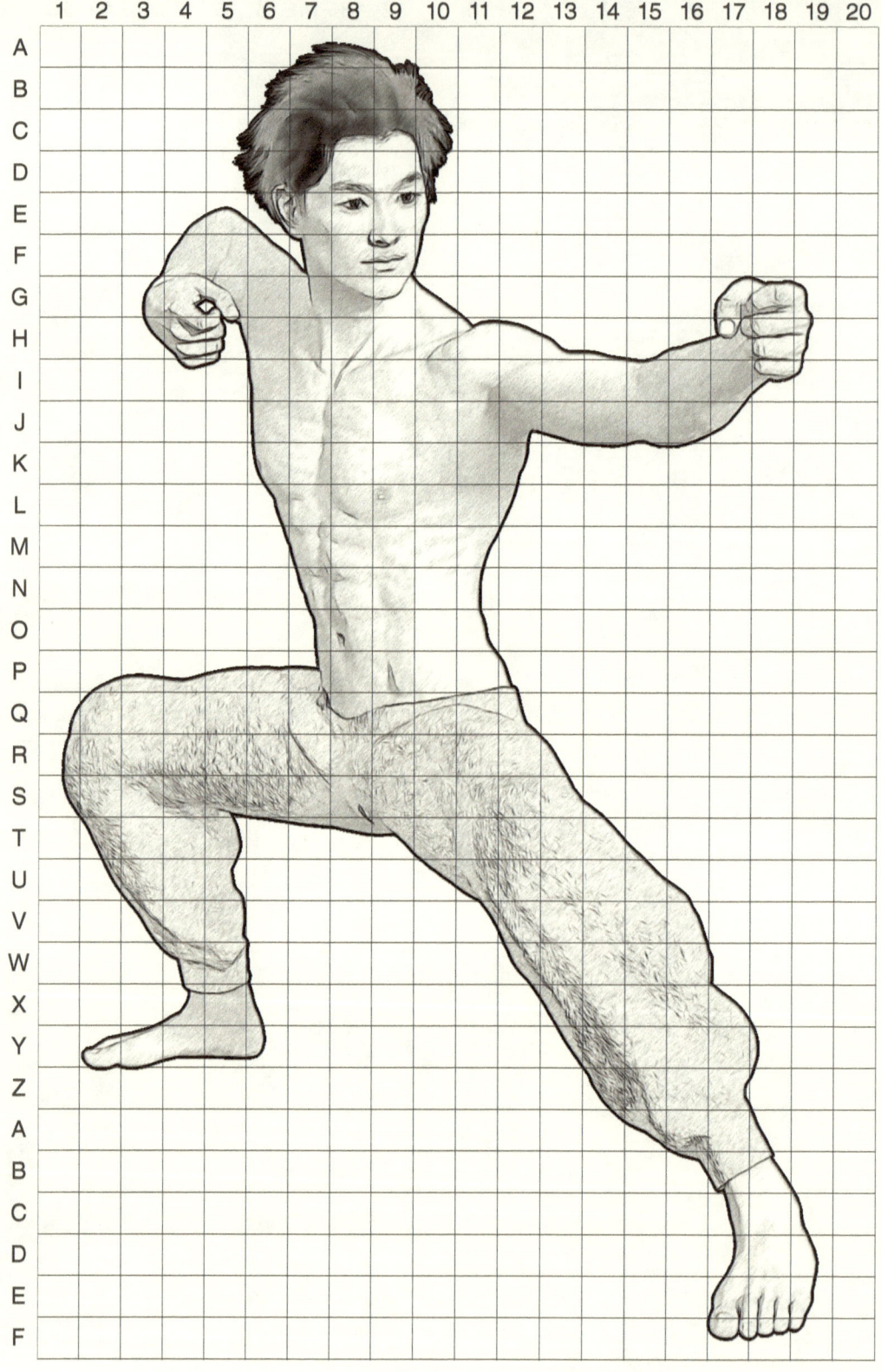

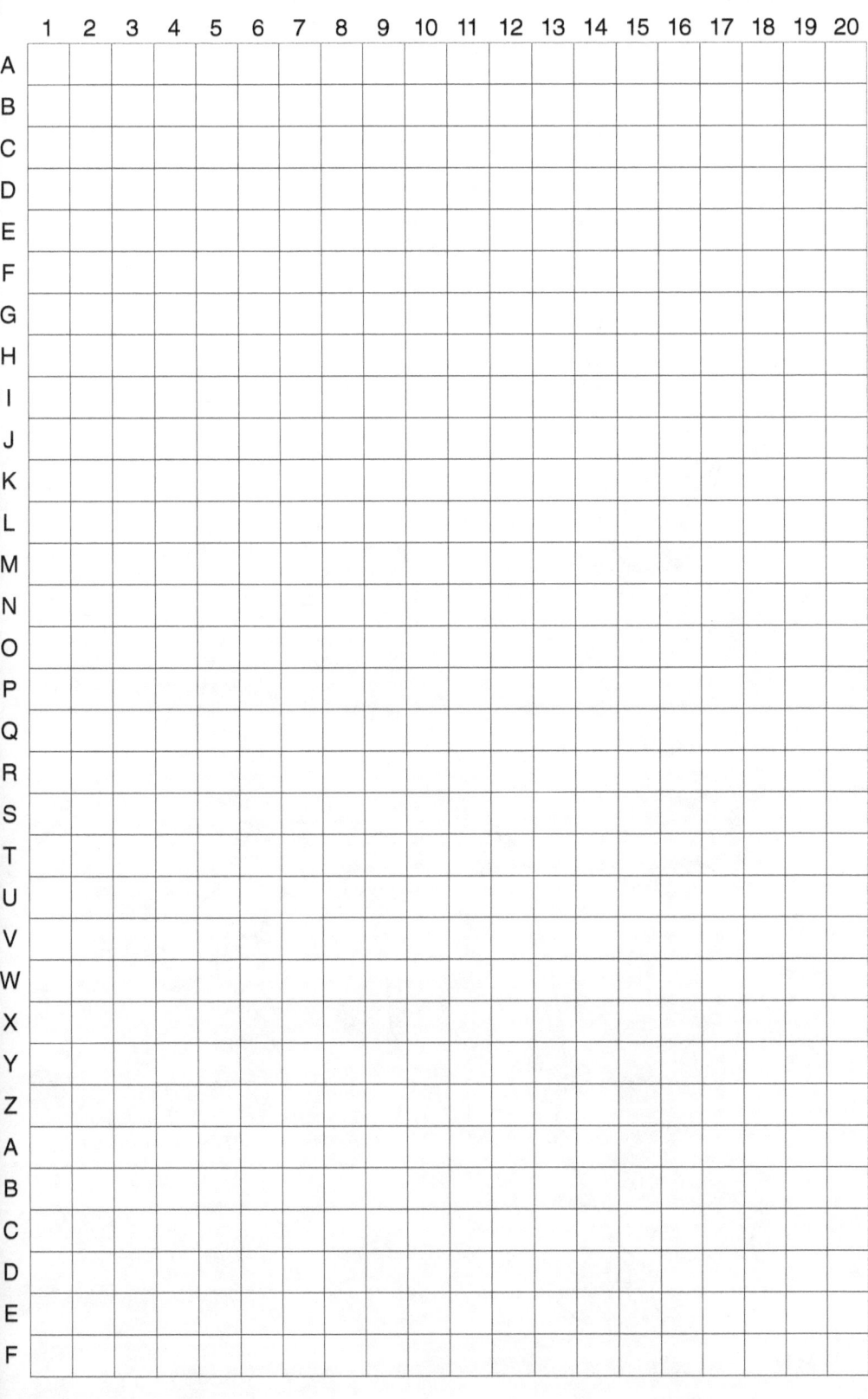

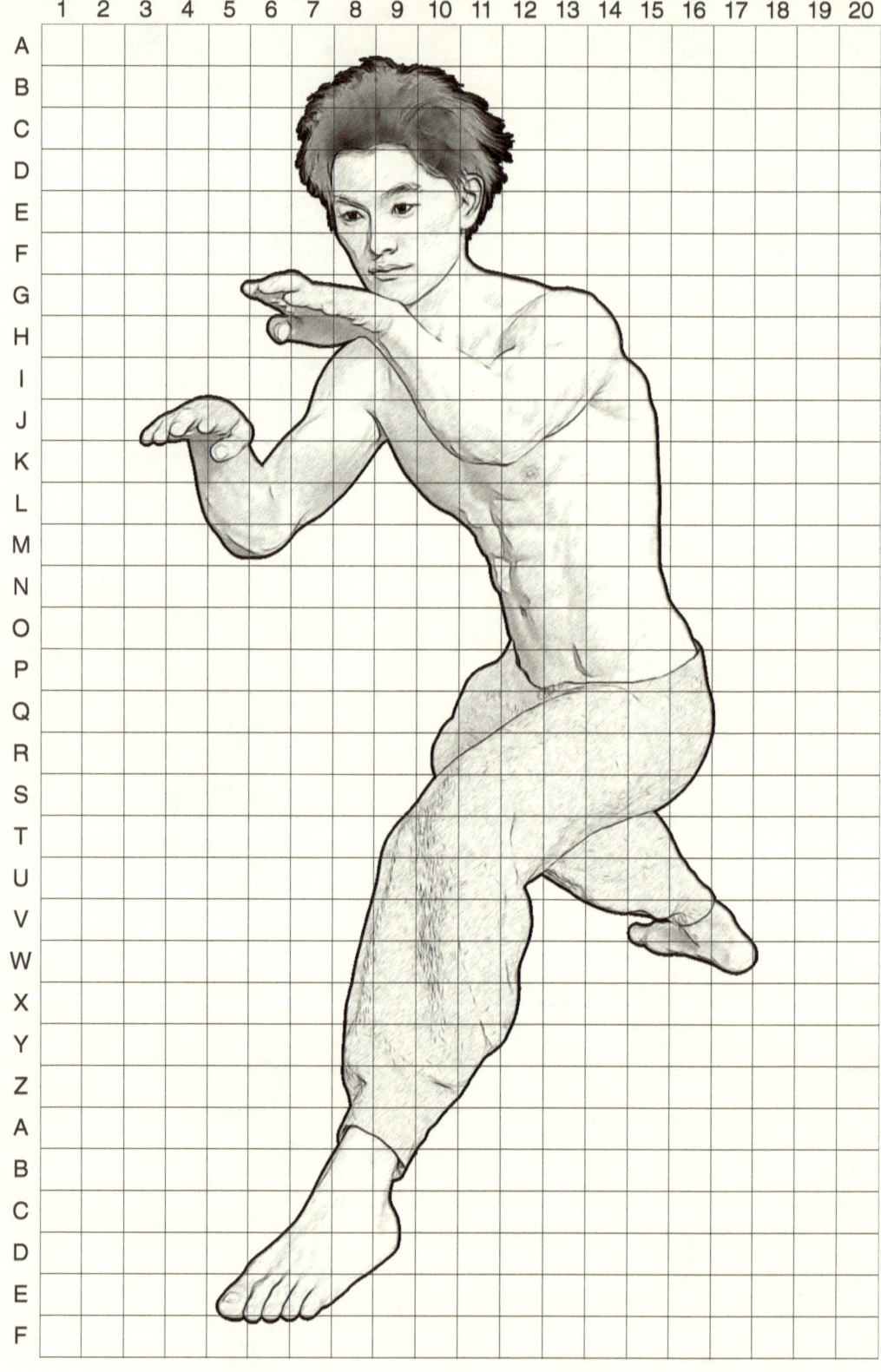

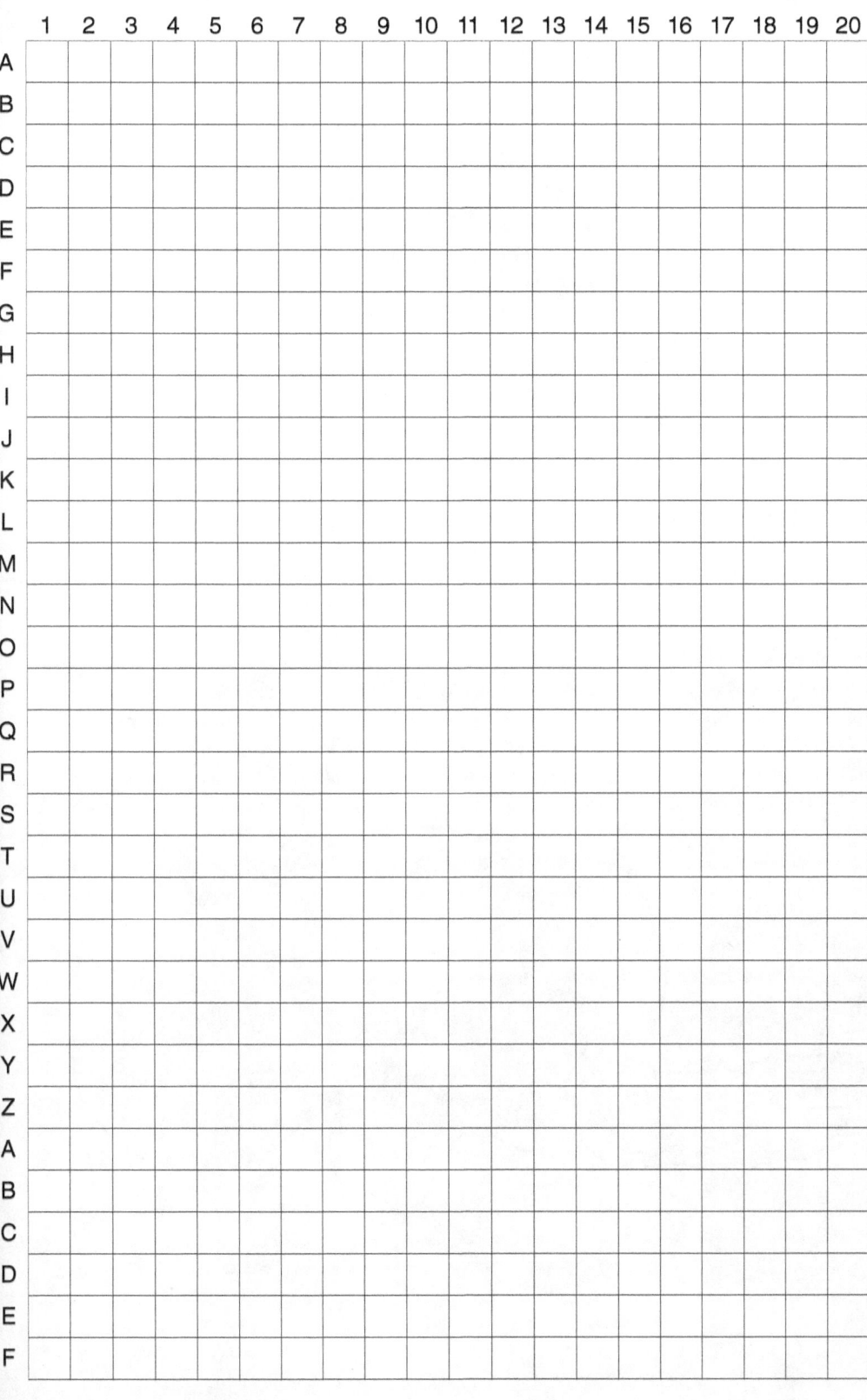

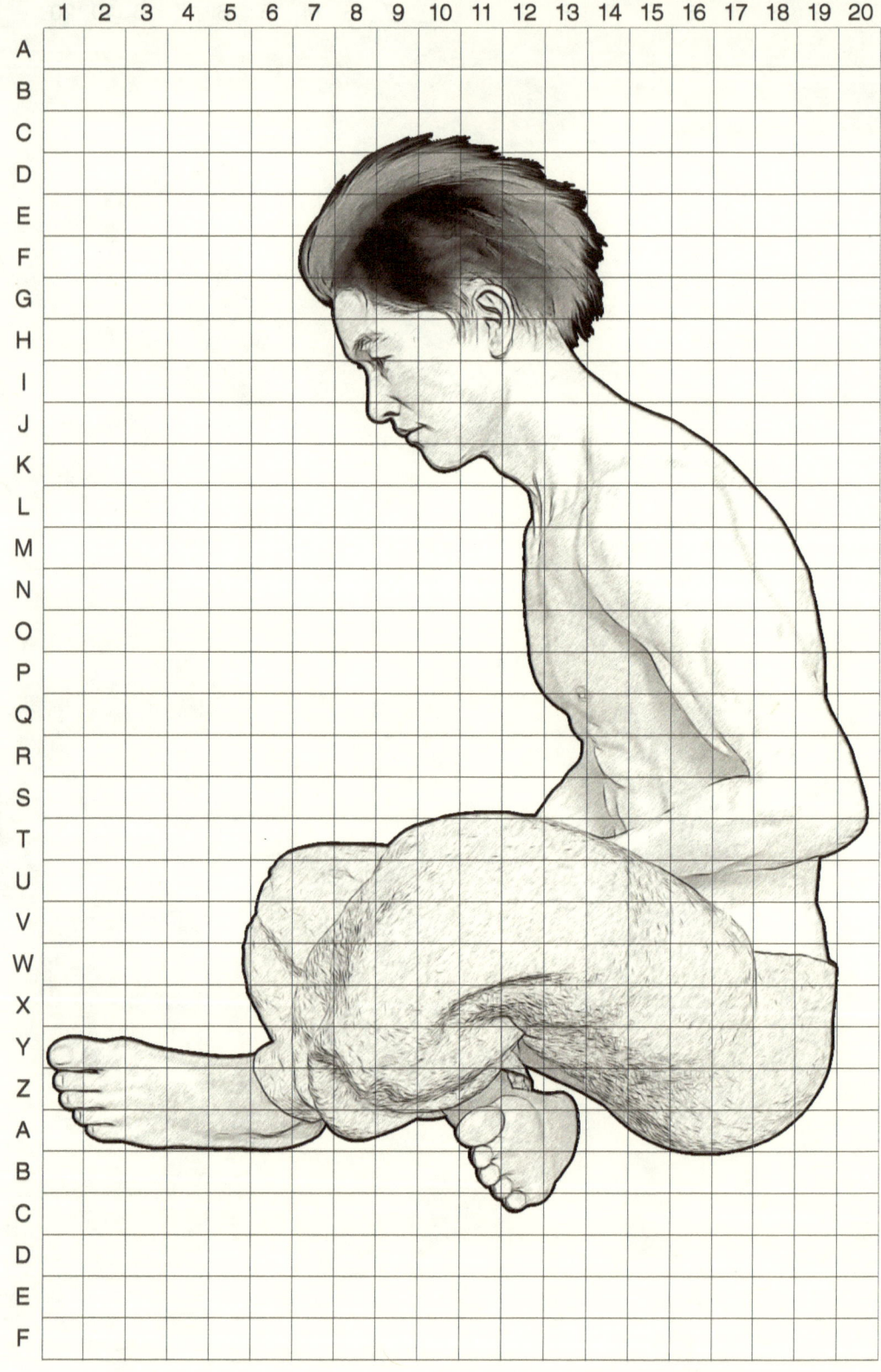

	1	2	3	4	5	6	7	8	9	10	11	12	13	14	15	16	17	18	19	20
A																				
B																				
C																				
D																				
E																				
F																				
G																				
H																				
I																				
J																				
K																				
L																				
M																				
N																				
O																				
P																				
Q																				
R																				
S																				
T																				
U																				
V																				
W																				
X																				
Y																				
Z																				
A																				
B																				
C																				
D																				
E																				
F																				

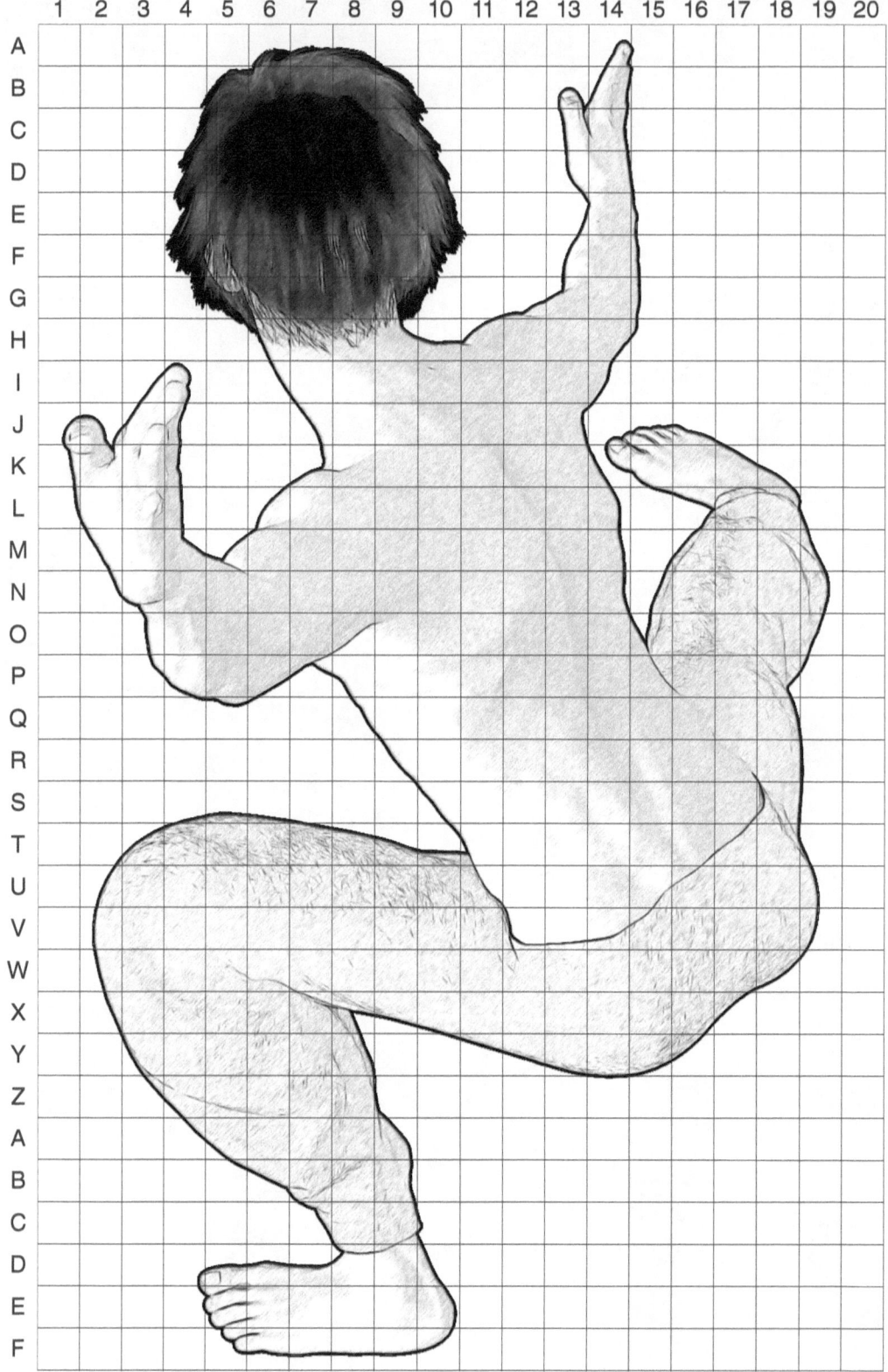

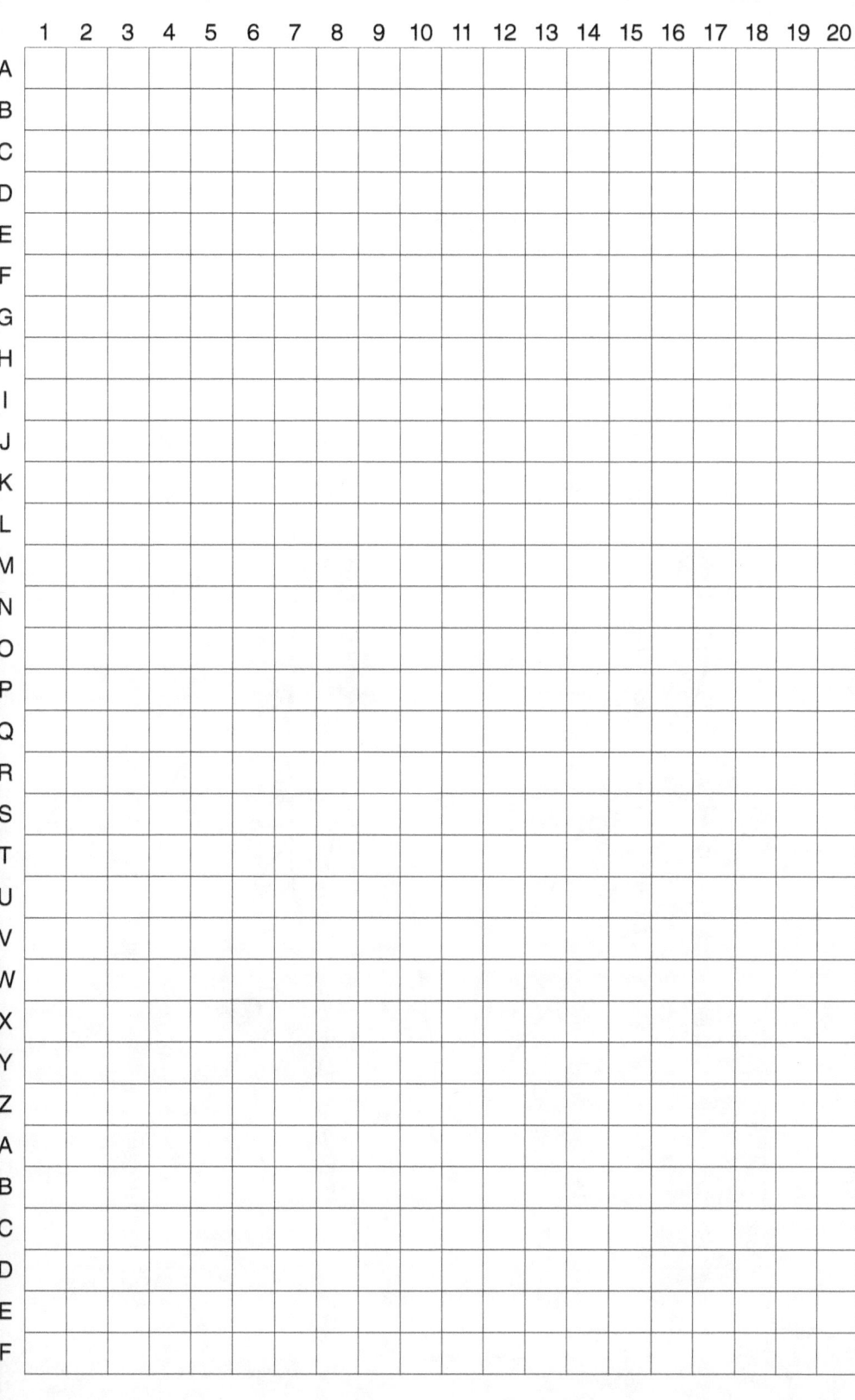

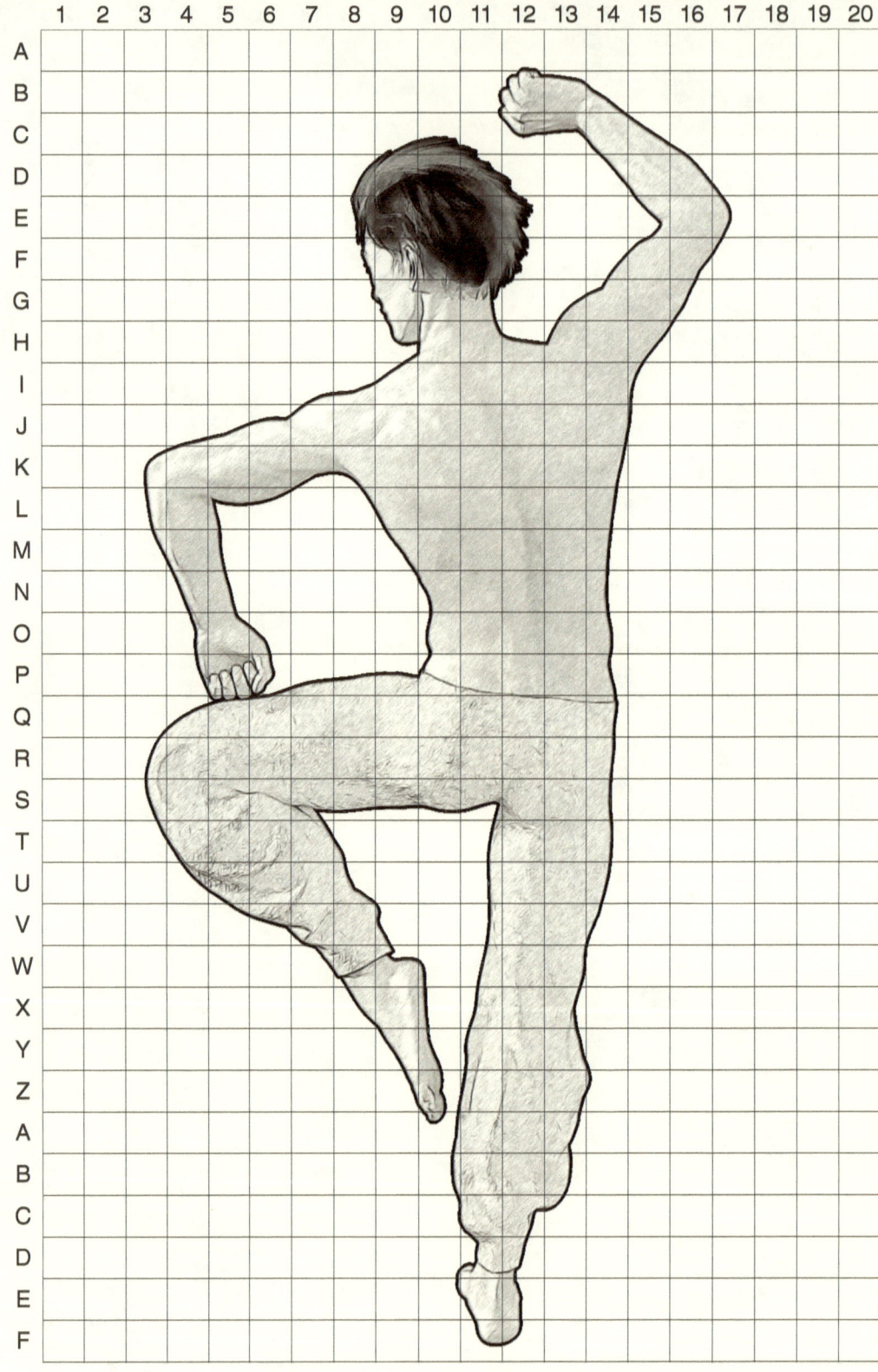

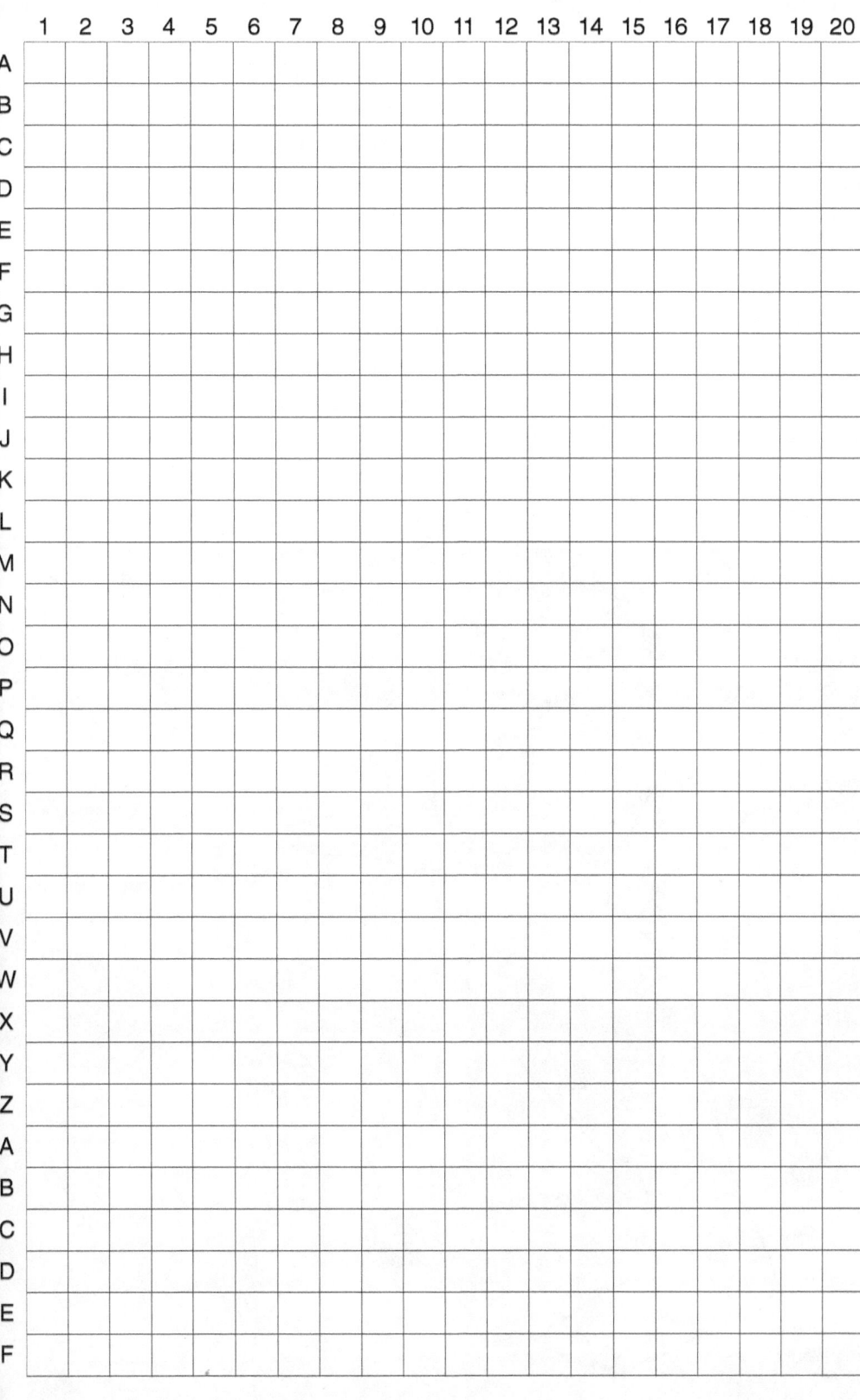

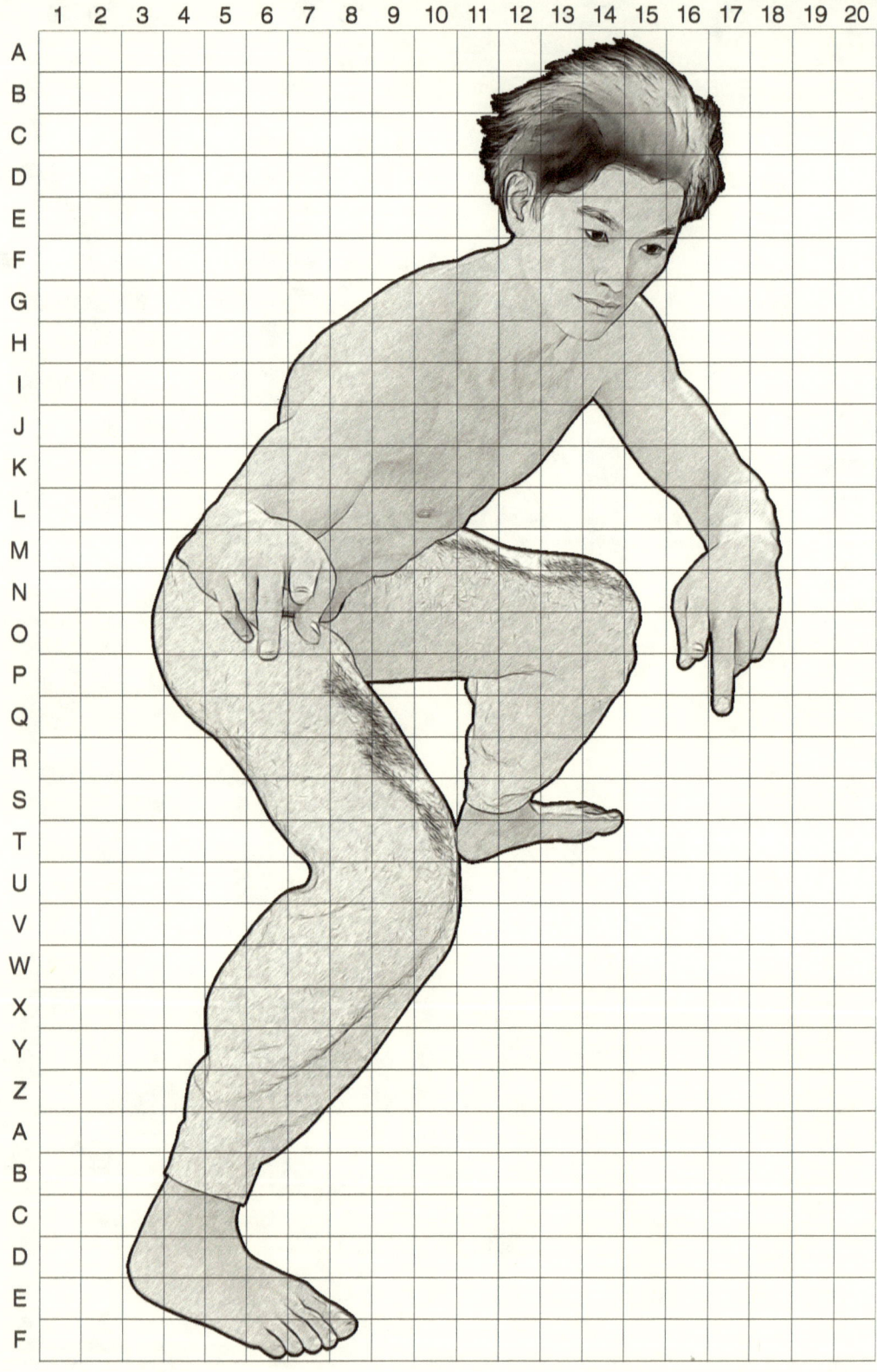

	1	2	3	4	5	6	7	8	9	10	11	12	13	14	15	16	17	18	19	20
A																				
B																				
C																				
D																				
E																				
F																				
G																				
H																				
I																				
J																				
K																				
L																				
M																				
N																				
O																				
P																				
Q																				
R																				
S																				
T																				
U																				
V																				
W																				
X																				
Y																				
Z																				
A																				
B																				
C																				
D																				
E																				
F																				

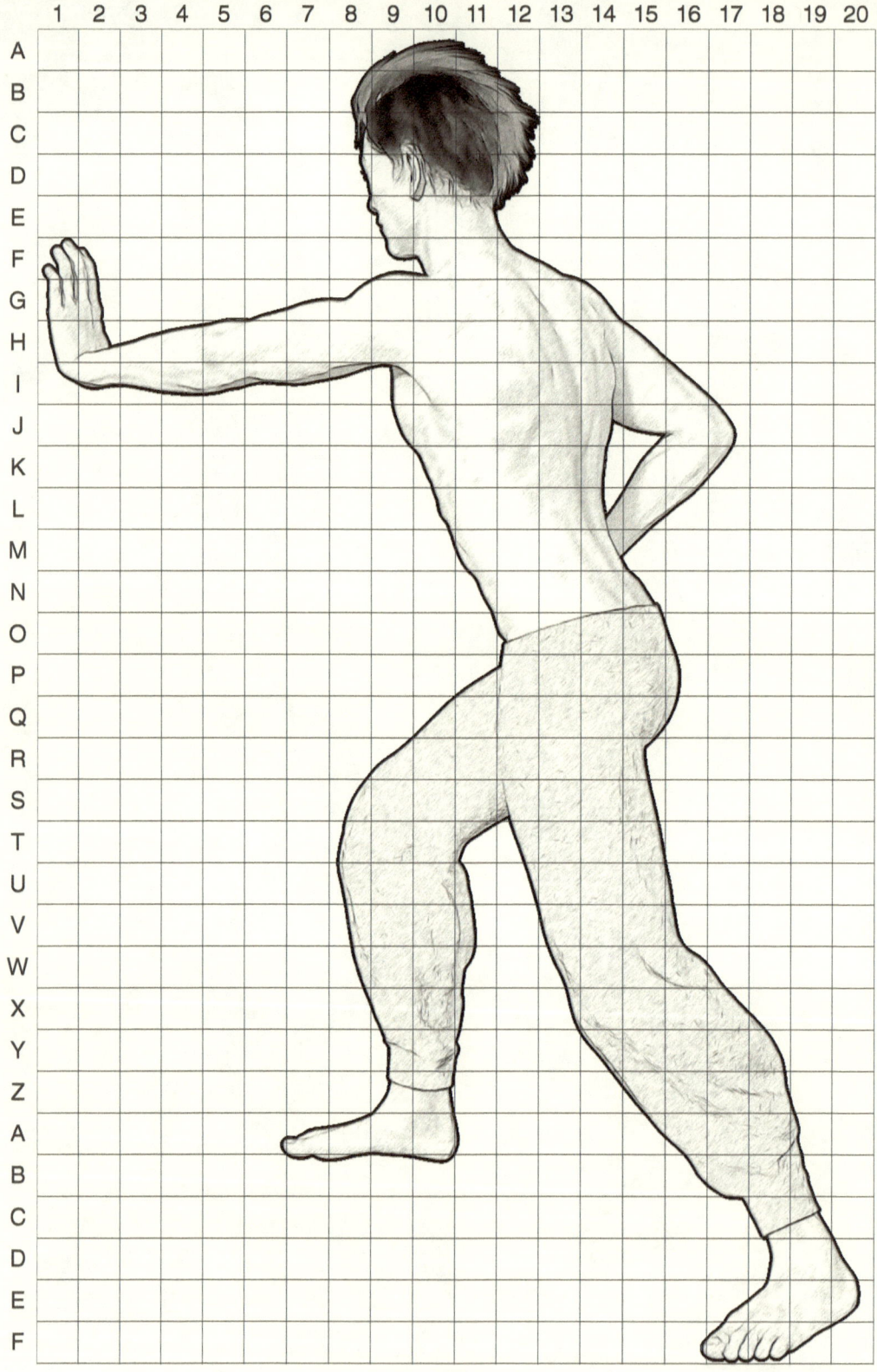

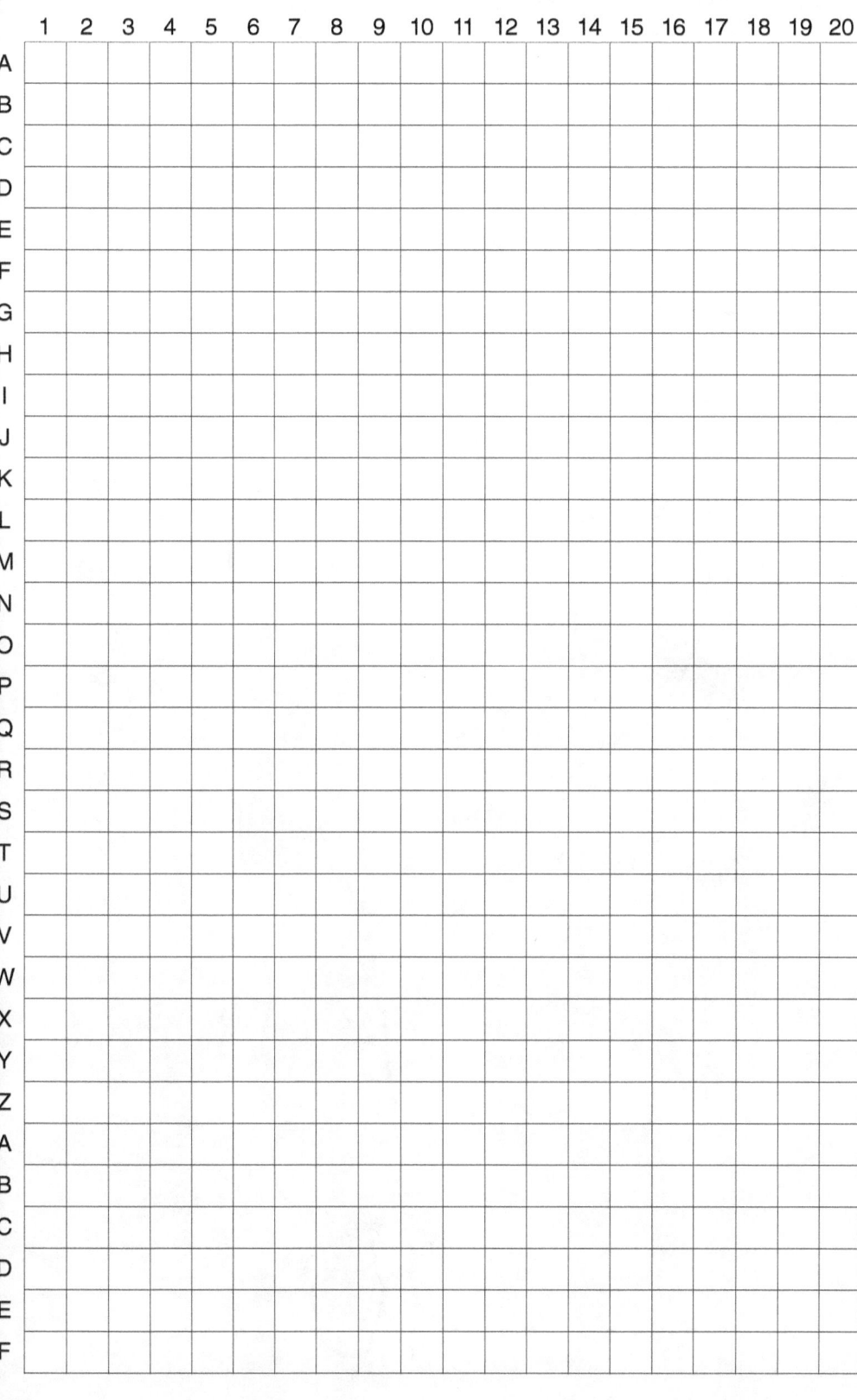

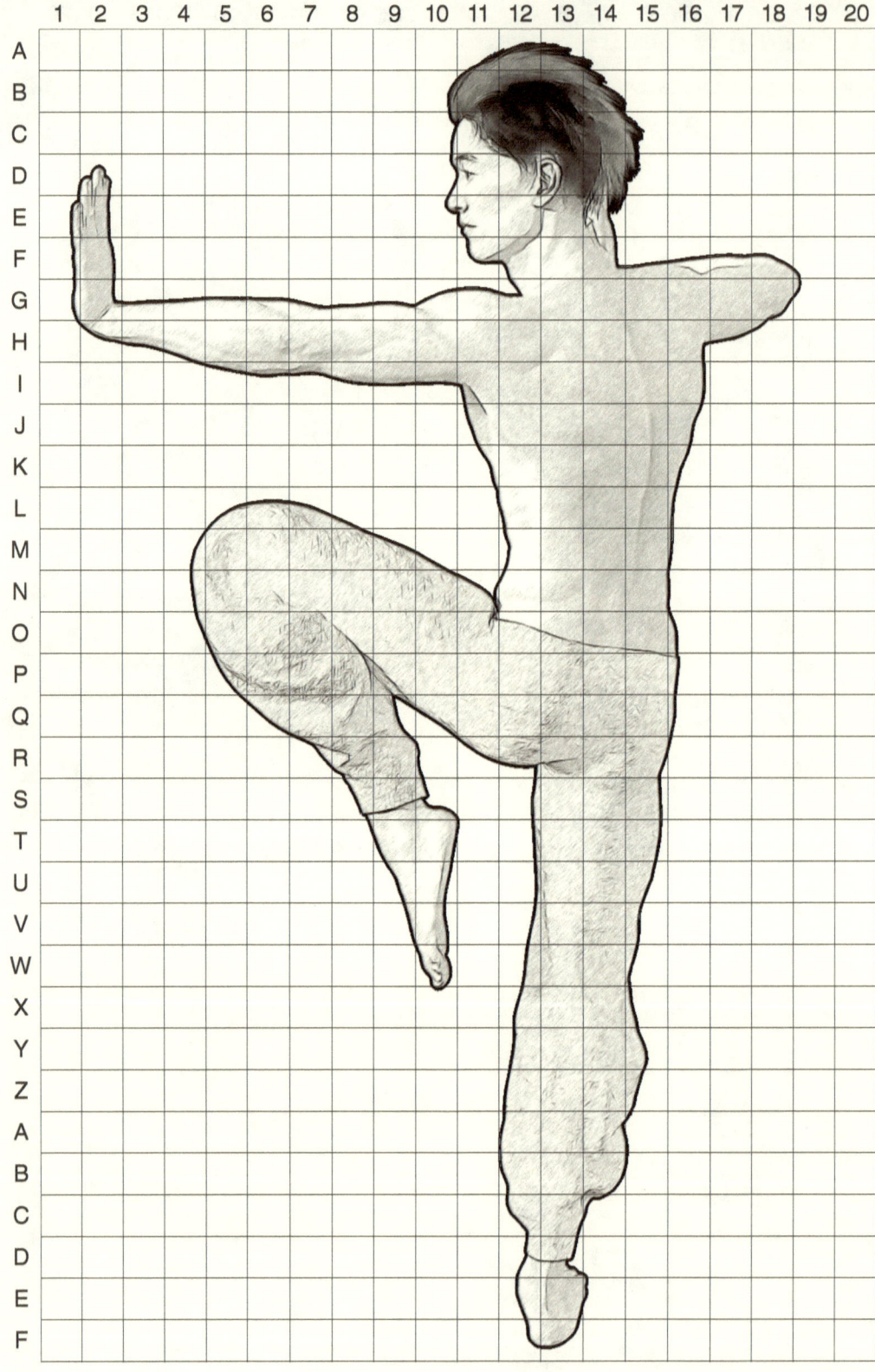

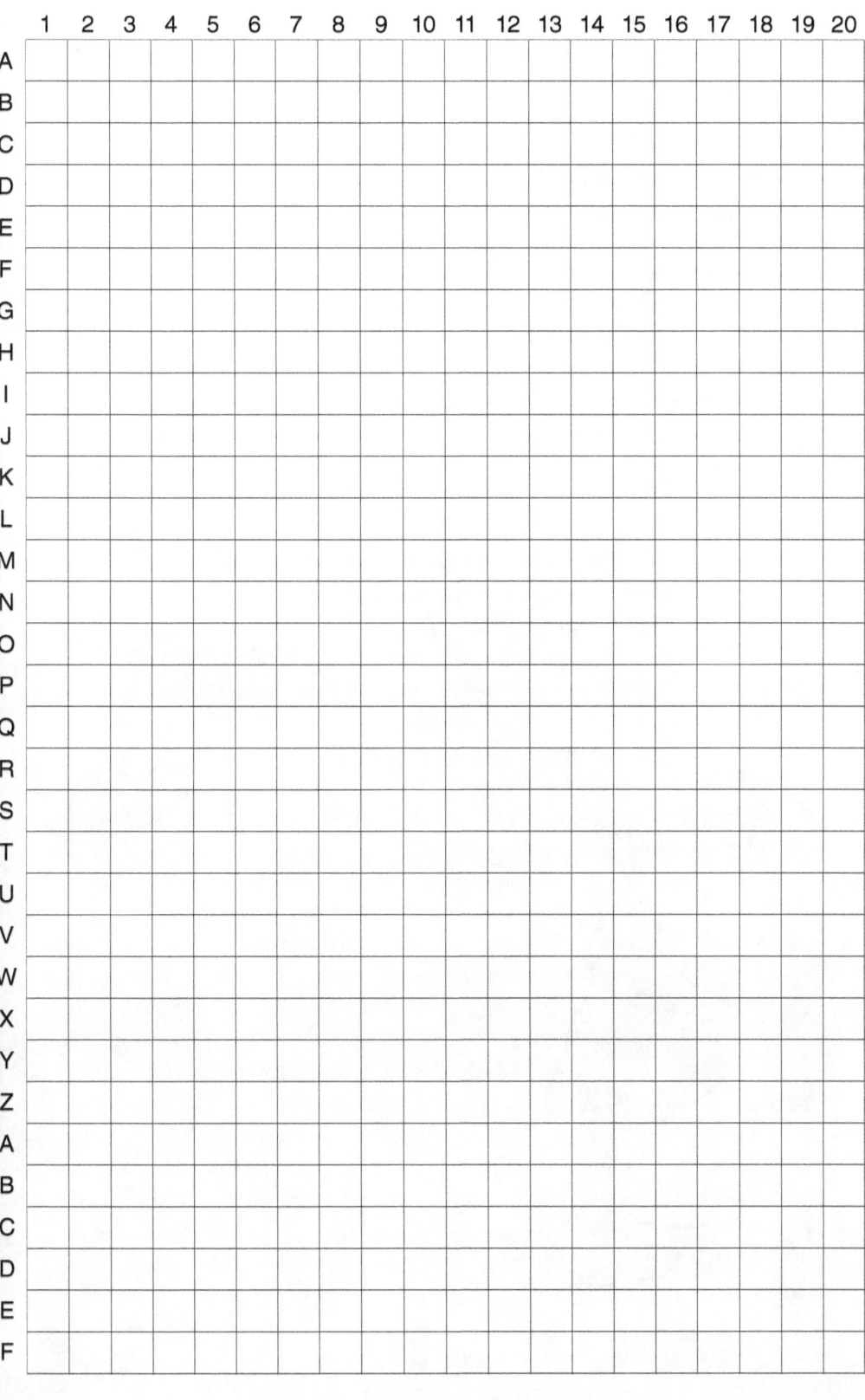

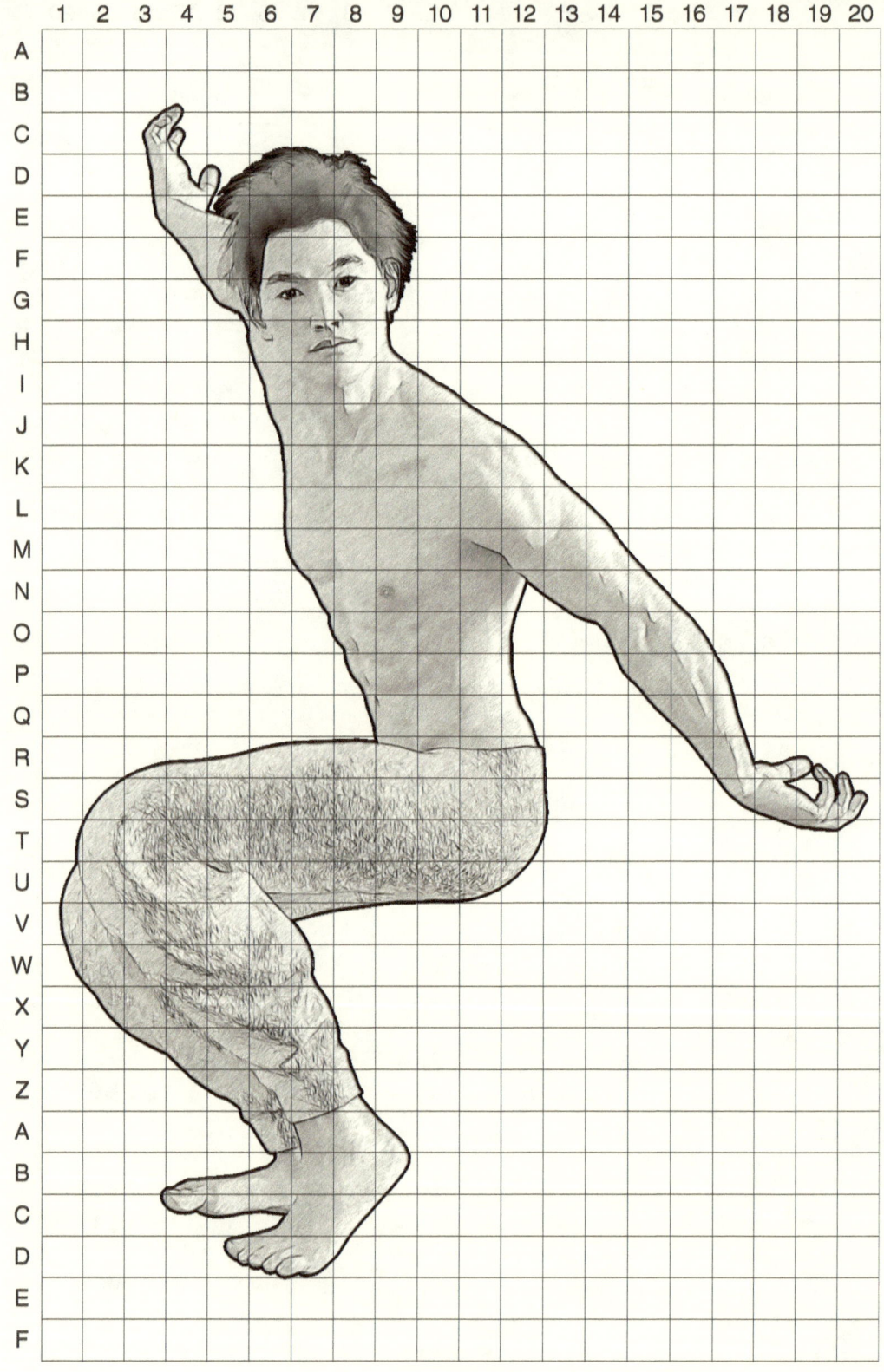

	1	2	3	4	5	6	7	8	9	10	11	12	13	14	15	16	17	18	19	20
A																				
B																				
C																				
D																				
E																				
F																				
G																				
H																				
I																				
J																				
K																				
L																				
M																				
N																				
O																				
P																				
Q																				
R																				
S																				
T																				
U																				
V																				
W																				
X																				
Y																				
Z																				
A																				
B																				
C																				
D																				
E																				
F																				

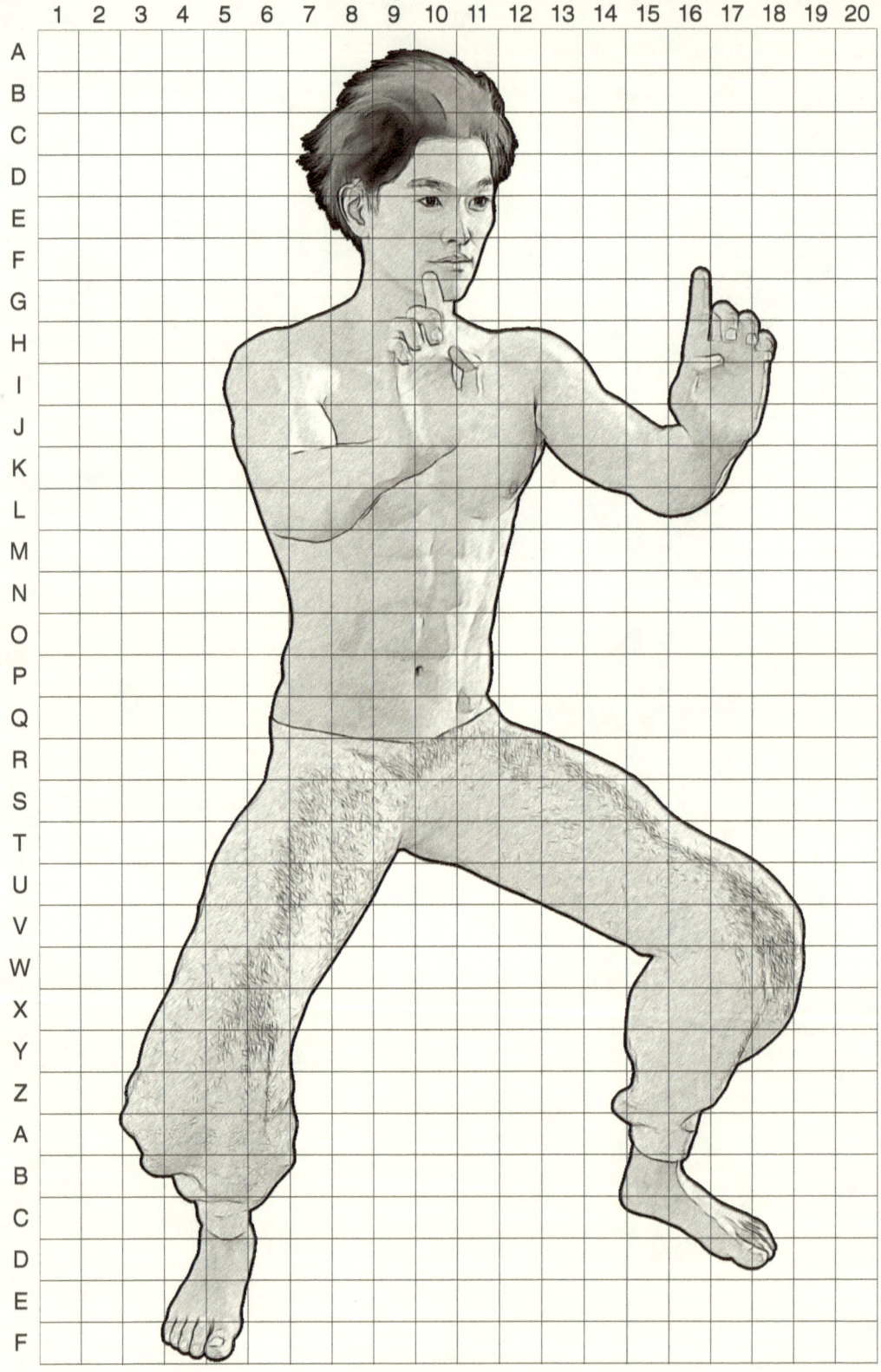

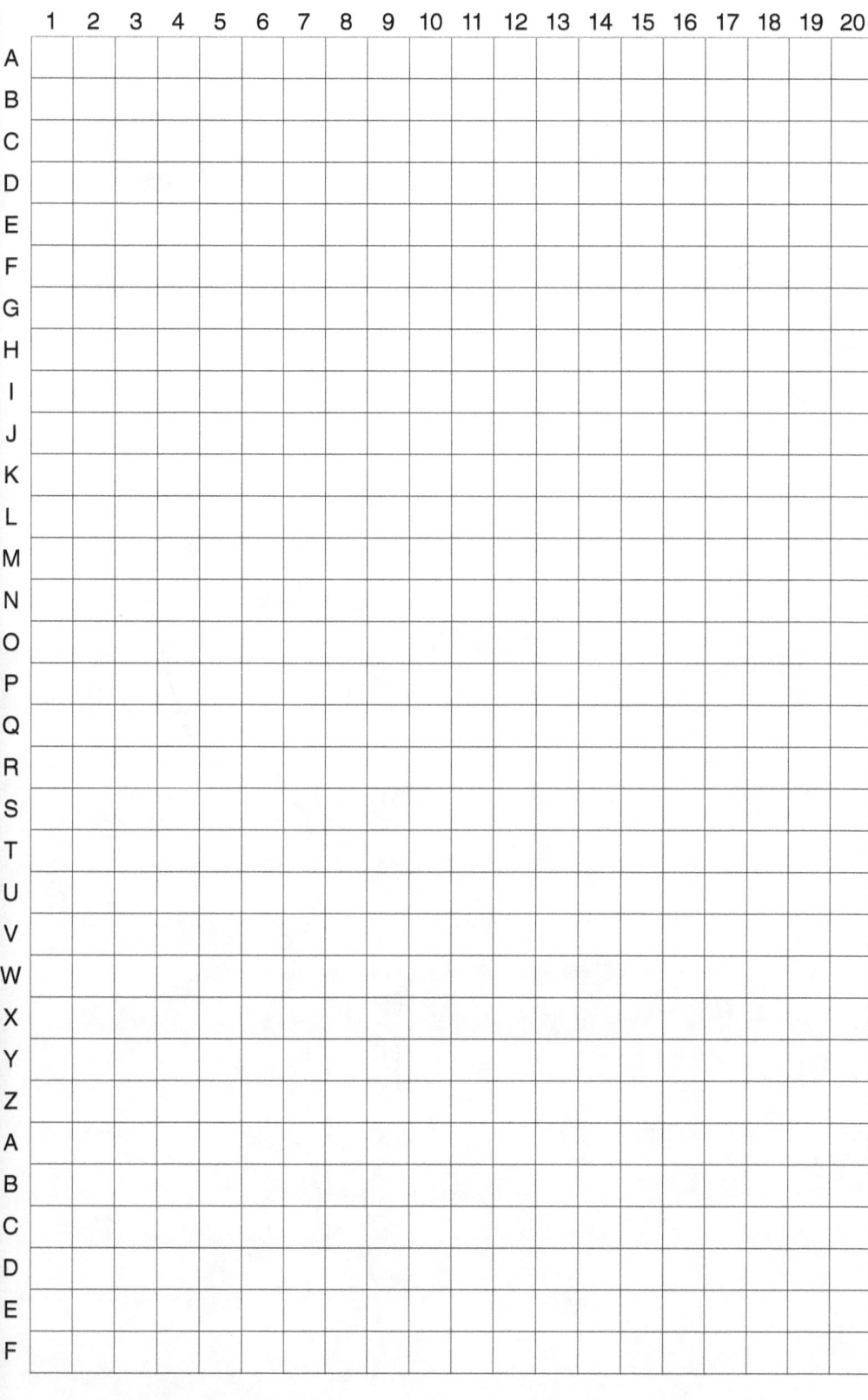

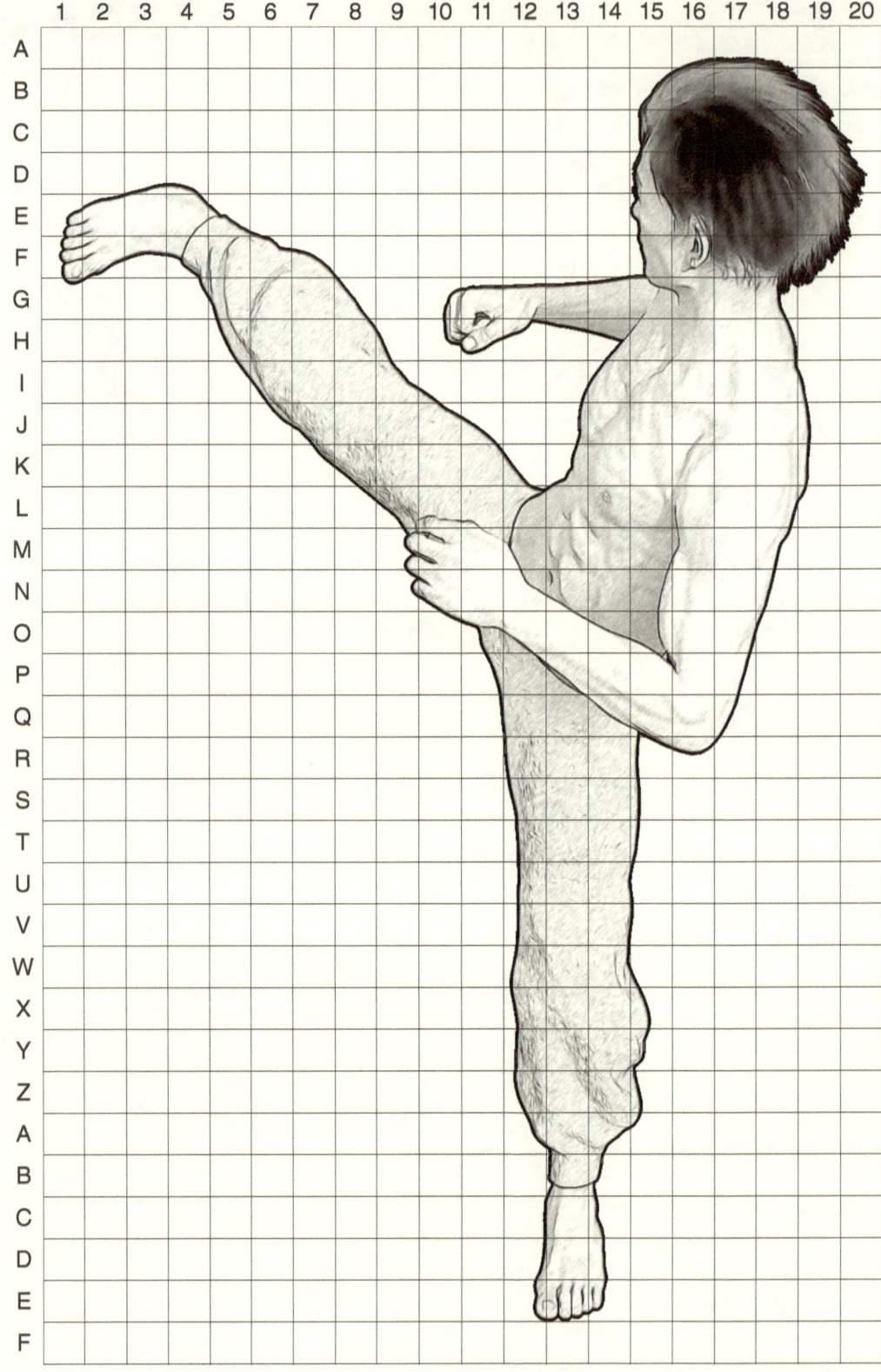

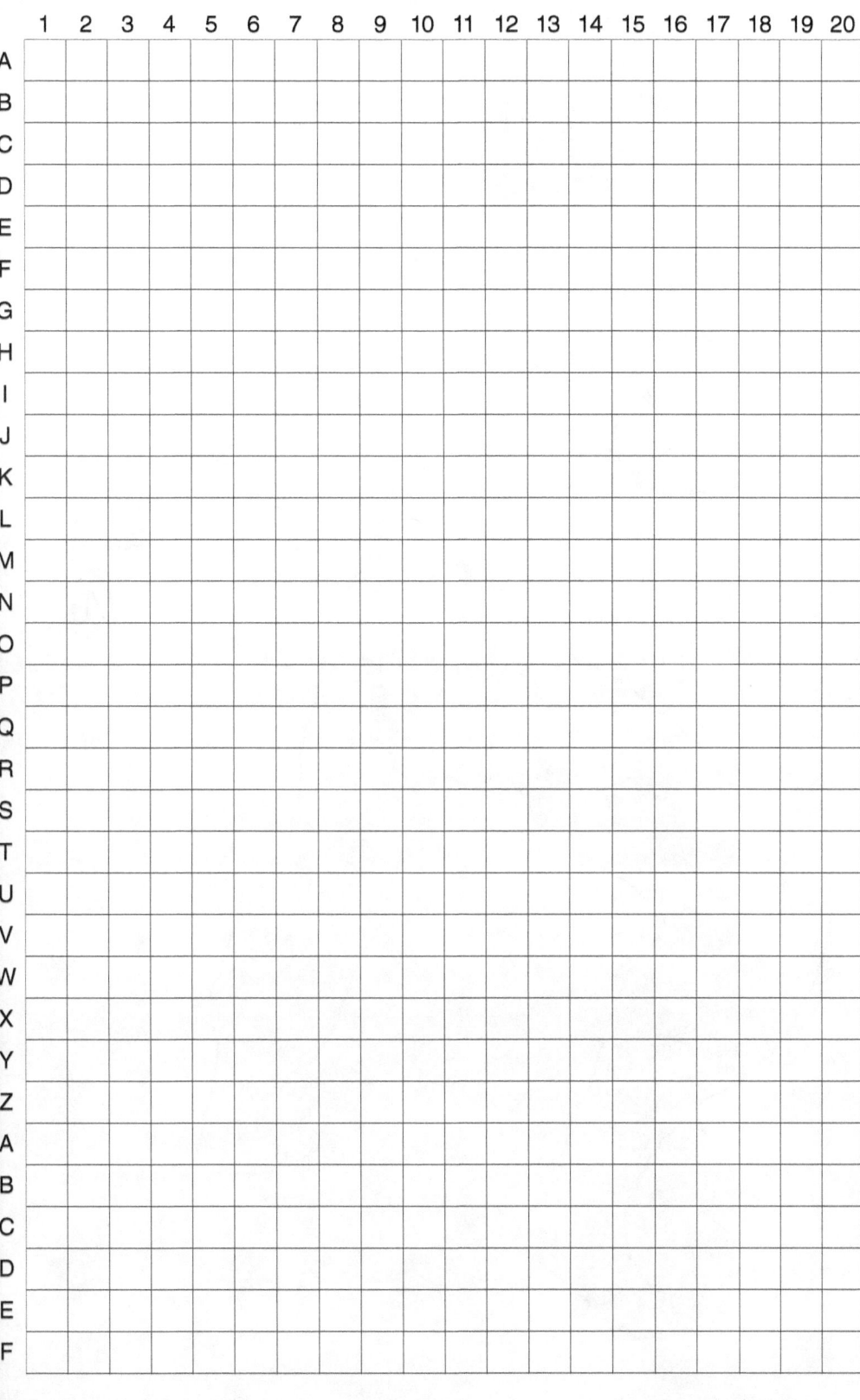

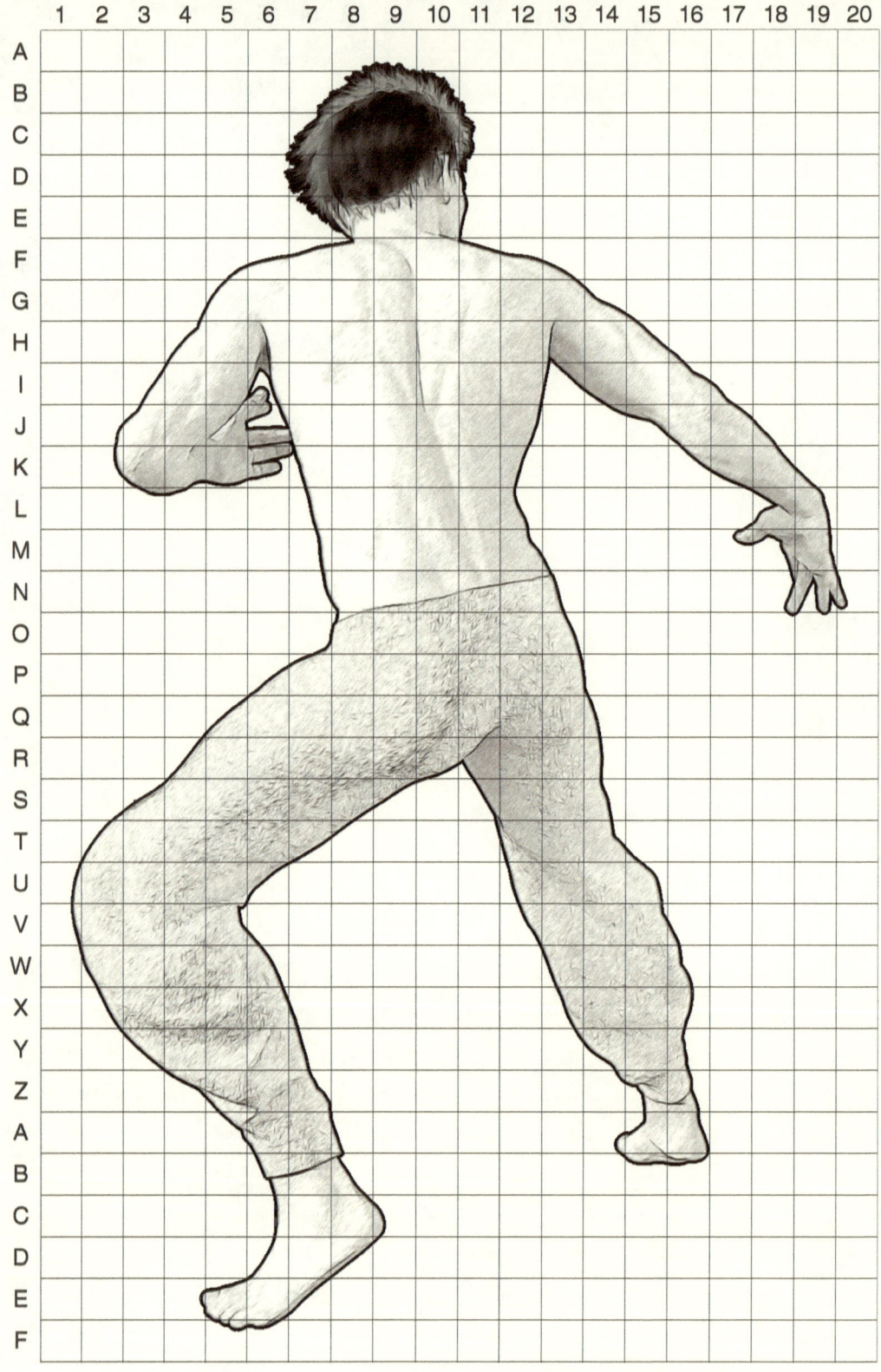

	1	2	3	4	5	6	7	8	9	10	11	12	13	14	15	16	17	18	19	20
A																				
B																				
C																				
D																				
E																				
F																				
G																				
H																				
I																				
J																				
K																				
L																				
M																				
N																				
O																				
P																				
Q																				
R																				
S																				
T																				
U																				
V																				
W																				
X																				
Y																				
Z																				
A																				
B																				
C																				
D																				
E																				
F																				

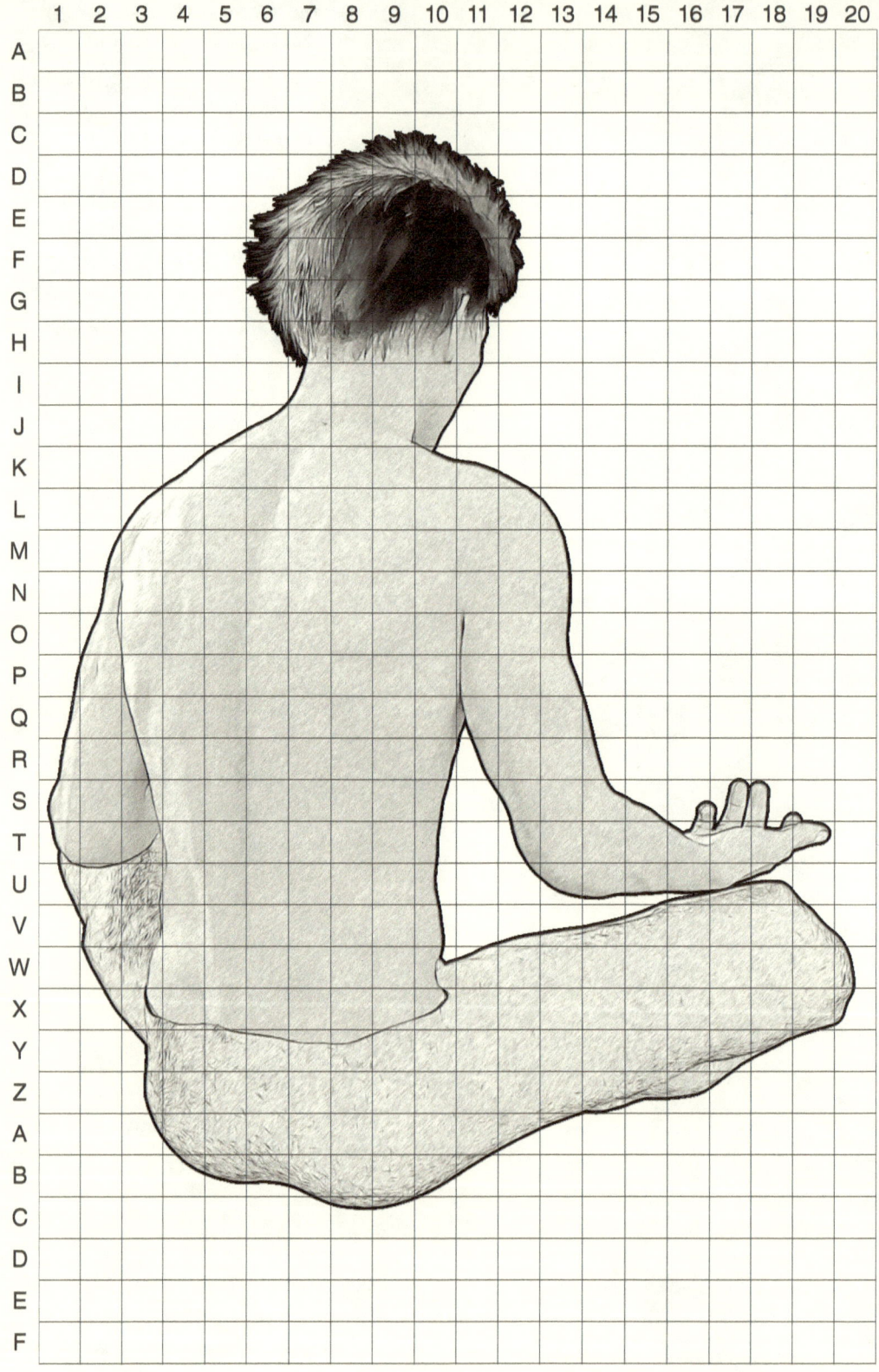

	1	2	3	4	5	6	7	8	9	10	11	12	13	14	15	16	17	18	19	20
A																				
B																				
C																				
D																				
E																				
F																				
G																				
H																				
I																				
J																				
K																				
L																				
M																				
N																				
O																				
P																				
Q																				
R																				
S																				
T																				
U																				
V																				
W																				
X																				
Y																				
Z																				
A																				
B																				
C																				
D																				
E																				
F																				

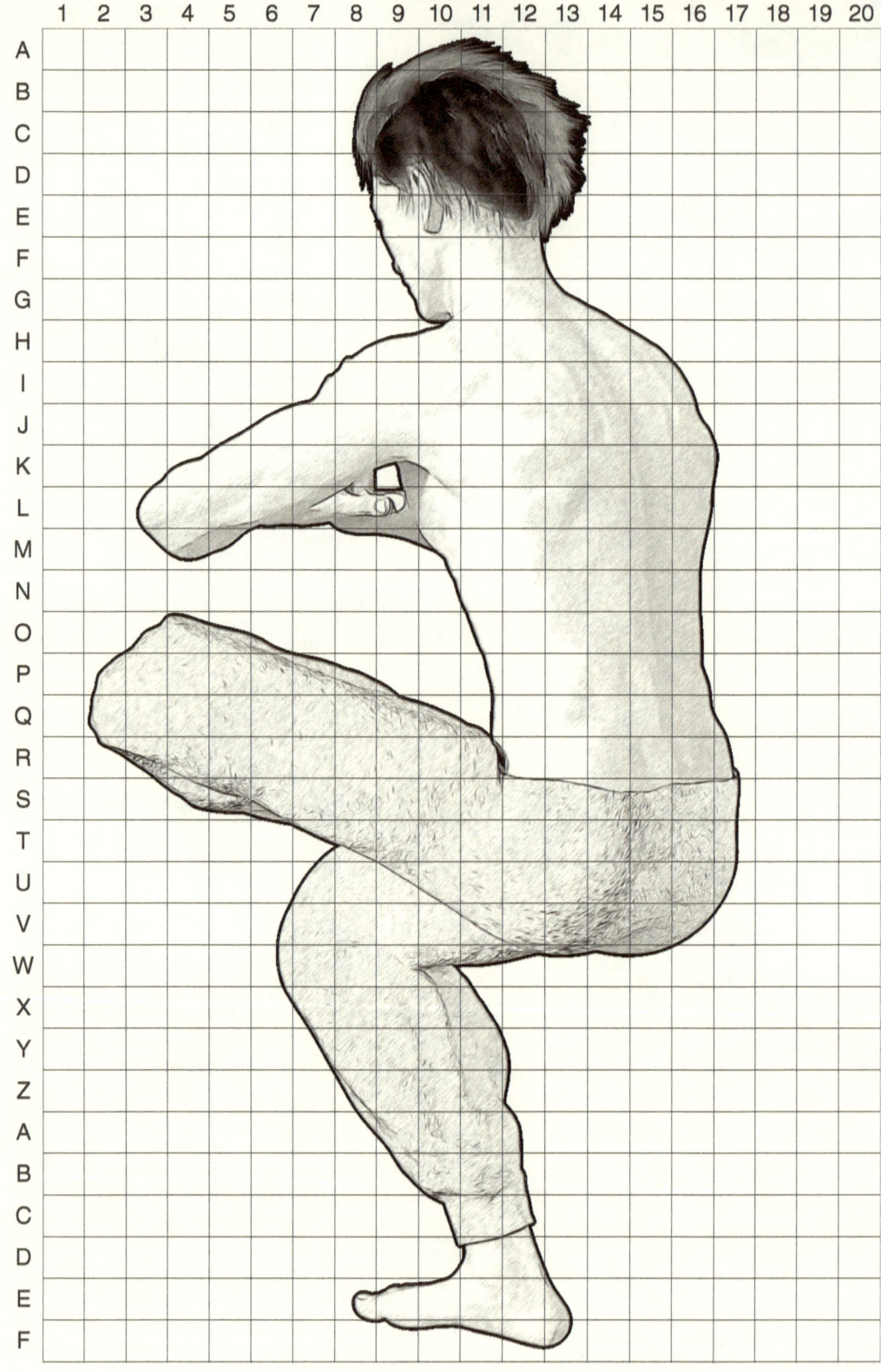

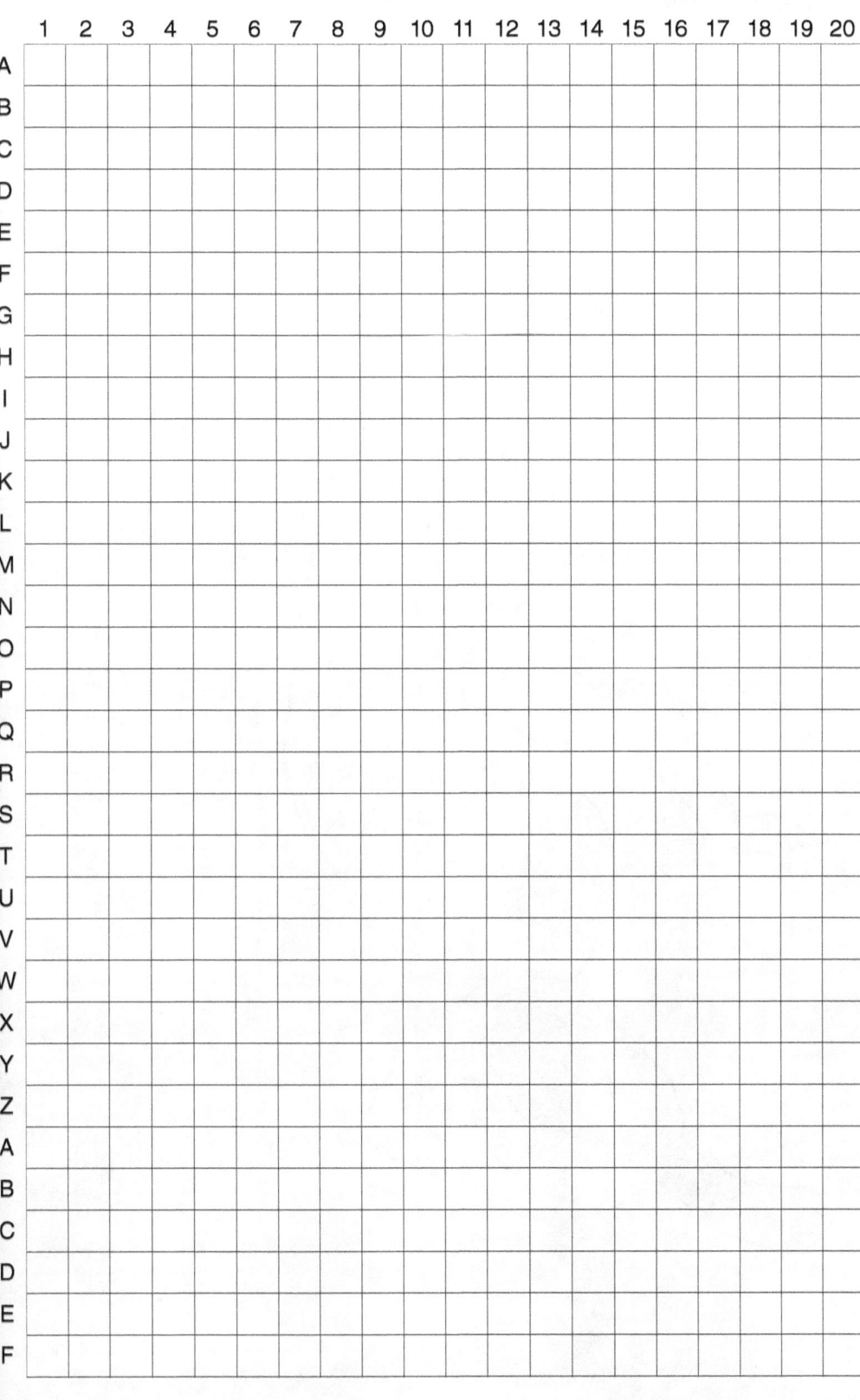

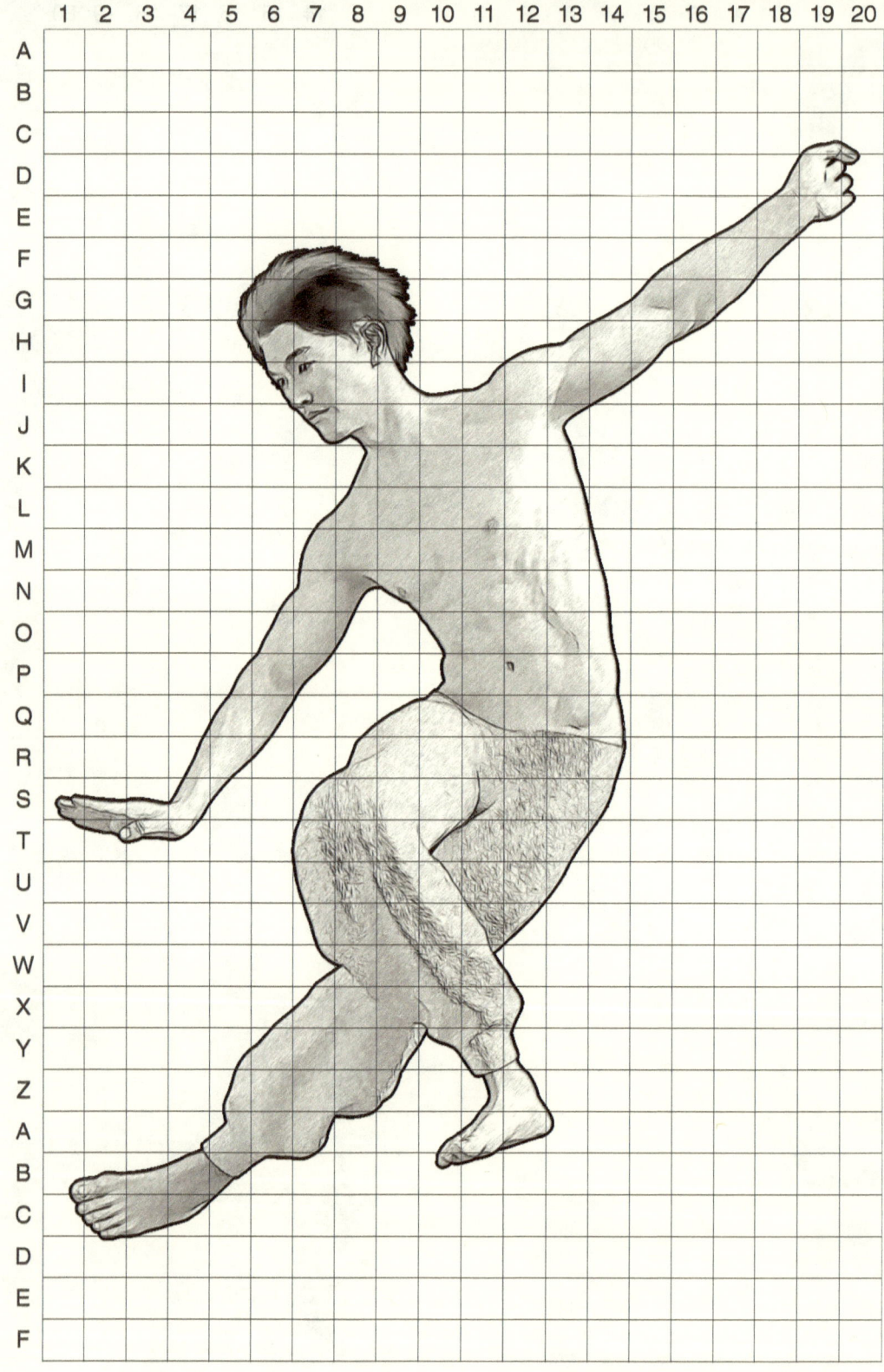

	1	2	3	4	5	6	7	8	9	10	11	12	13	14	15	16	17	18	19	20
A																				
B																				
C																				
D																				
E																				
F																				
G																				
H																				
I																				
J																				
K																				
L																				
M																				
N																				
O																				
P																				
Q																				
R																				
S																				
T																				
U																				
V																				
W																				
X																				
Y																				
Z																				
A																				
B																				
C																				
D																				
E																				
F																				

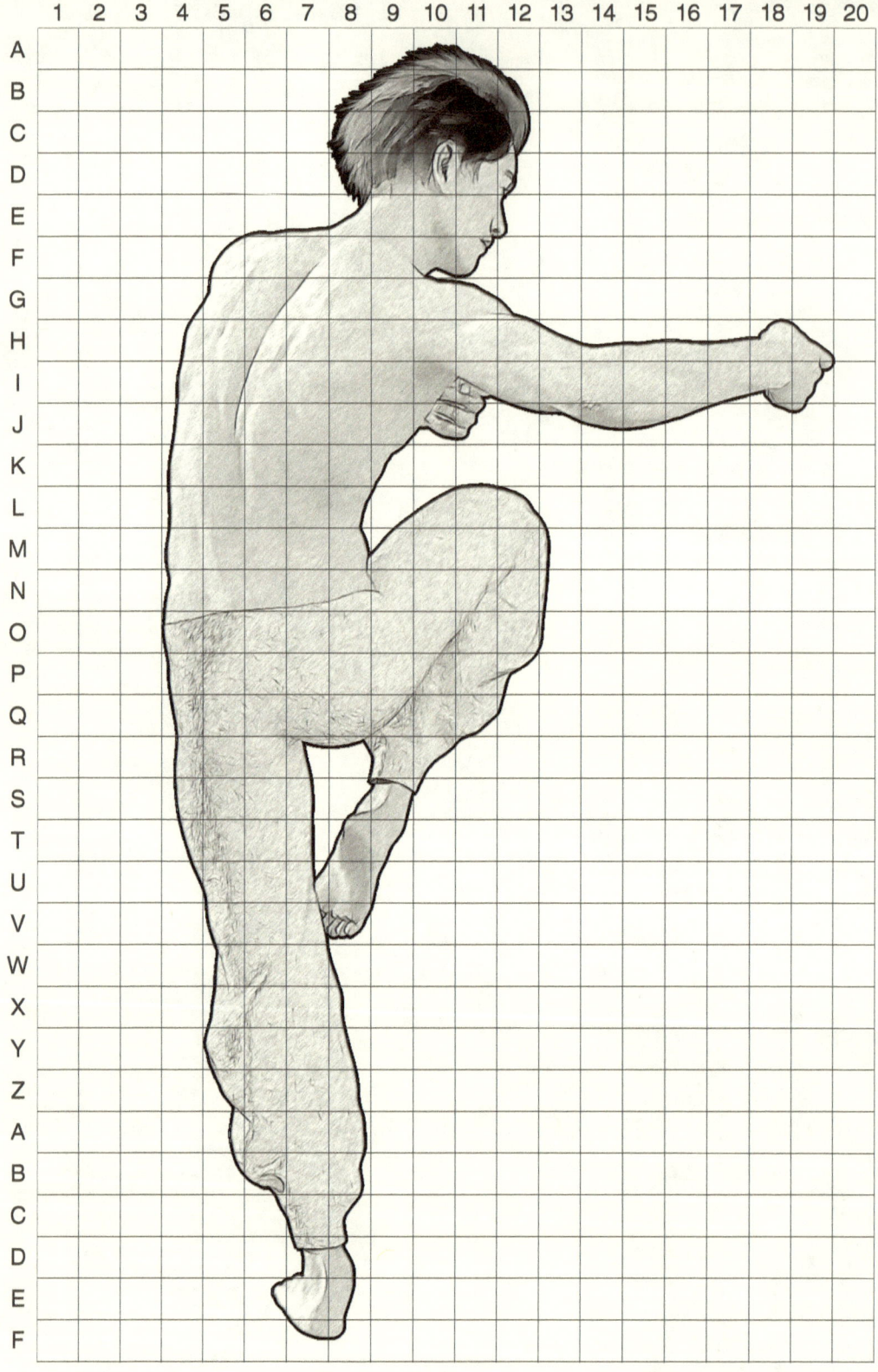

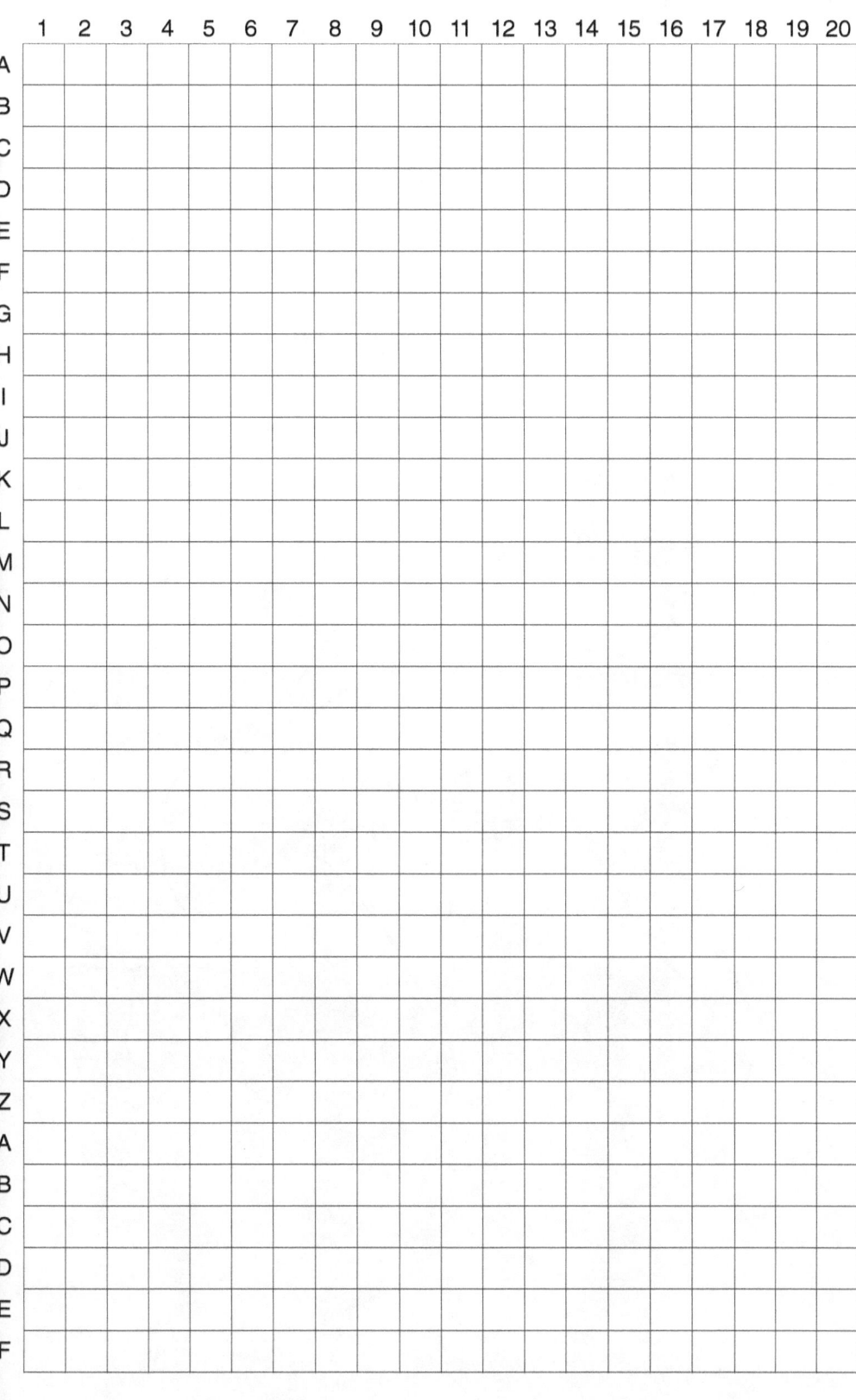

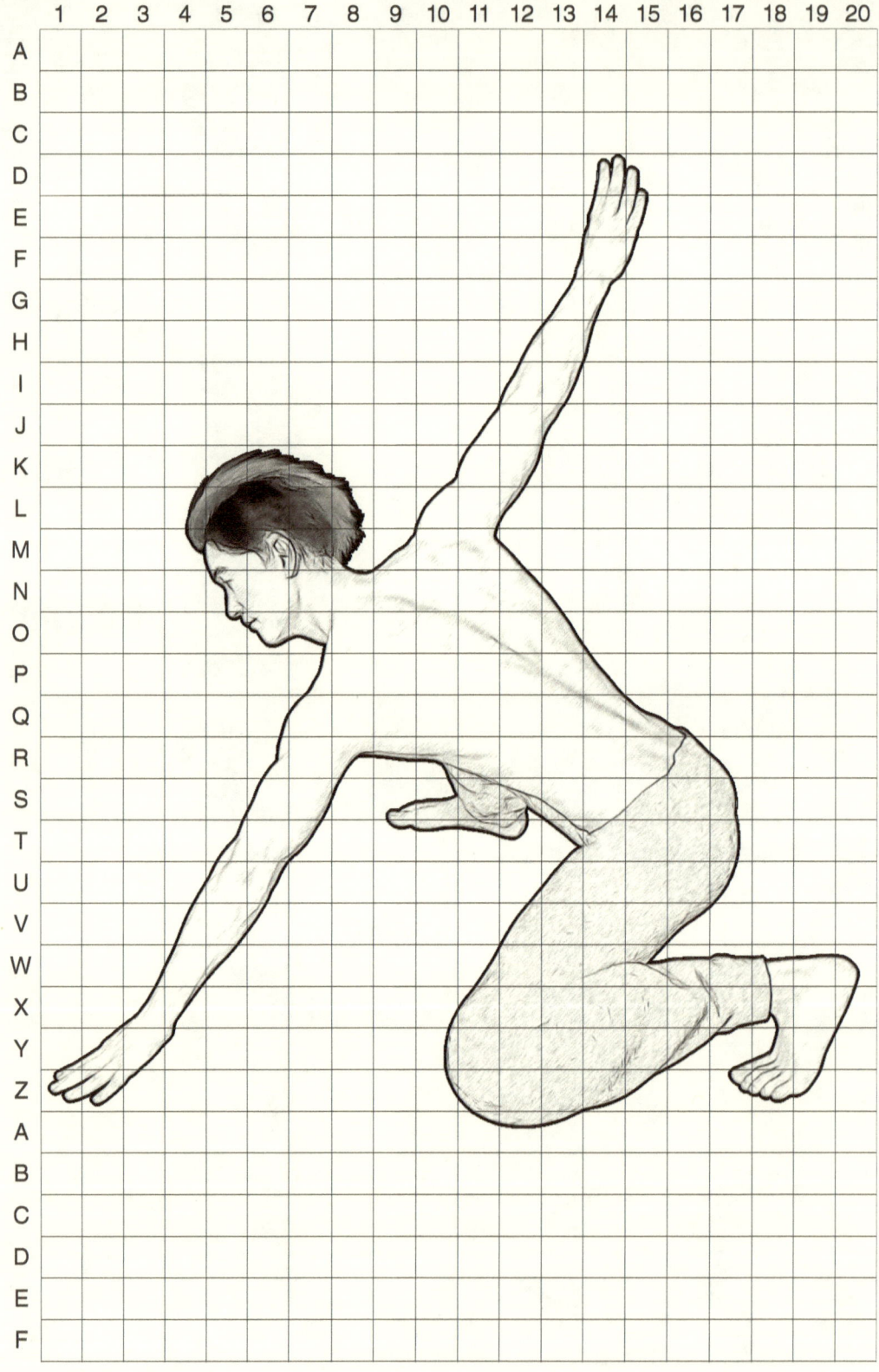

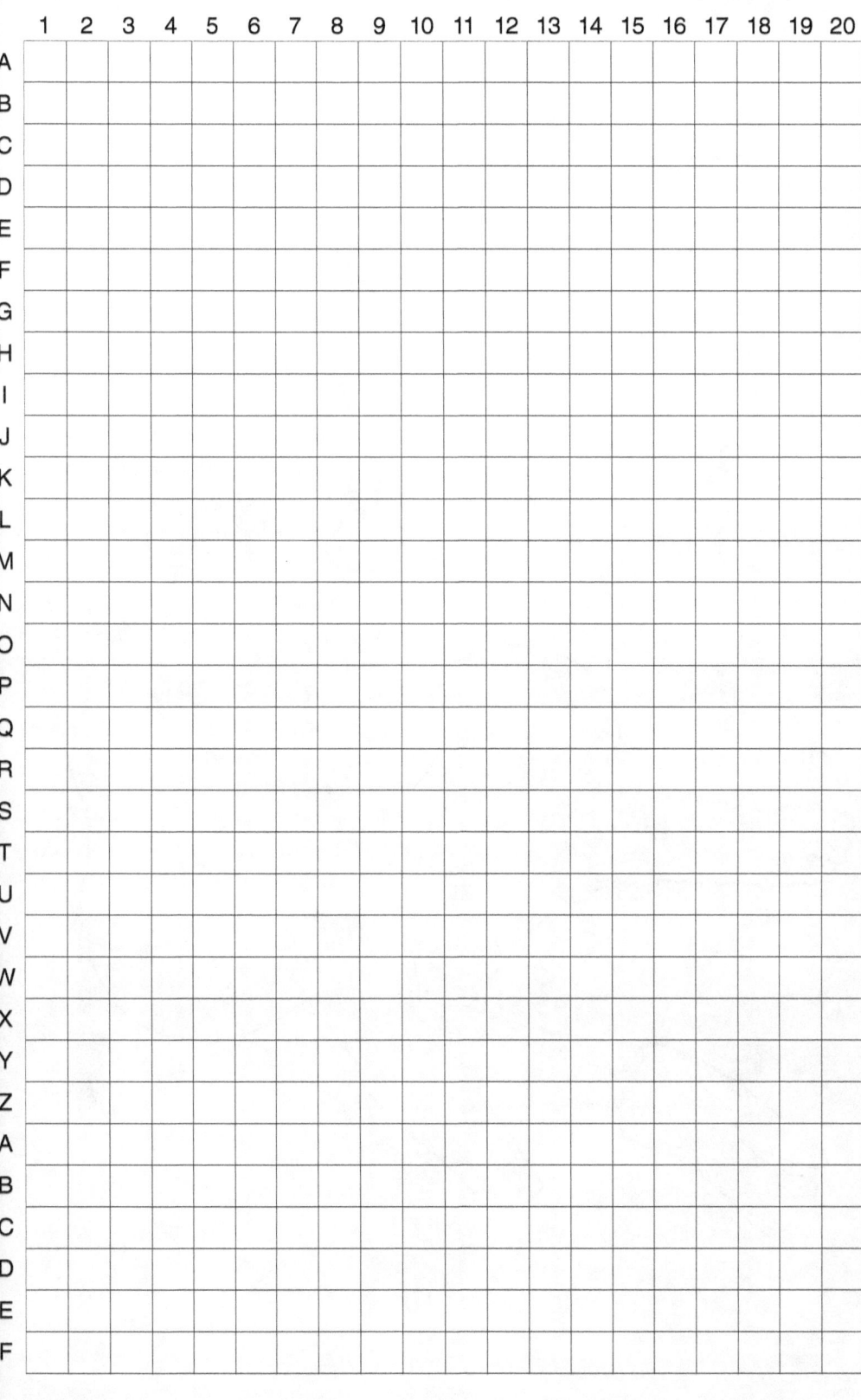

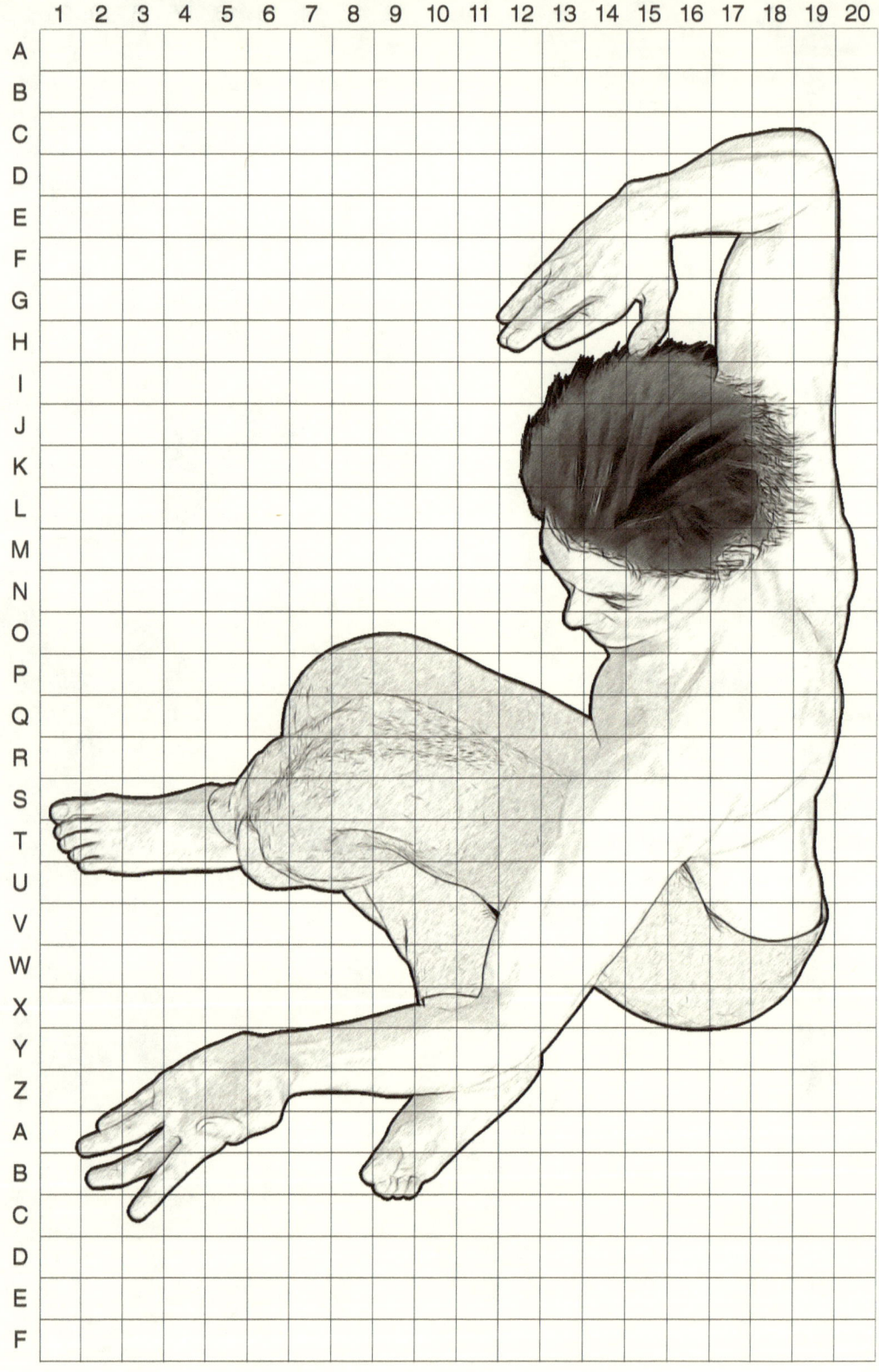

	1	2	3	4	5	6	7	8	9	10	11	12	13	14	15	16	17	18	19	20
A																				
B																				
C																				
D																				
E																				
F																				
G																				
H																				
I																				
J																				
K																				
L																				
M																				
N																				
O																				
P																				
Q																				
R																				
S																				
T																				
U																				
V																				
W																				
X																				
Y																				
Z																				
A																				
B																				
C																				
D																				
E																				
F																				

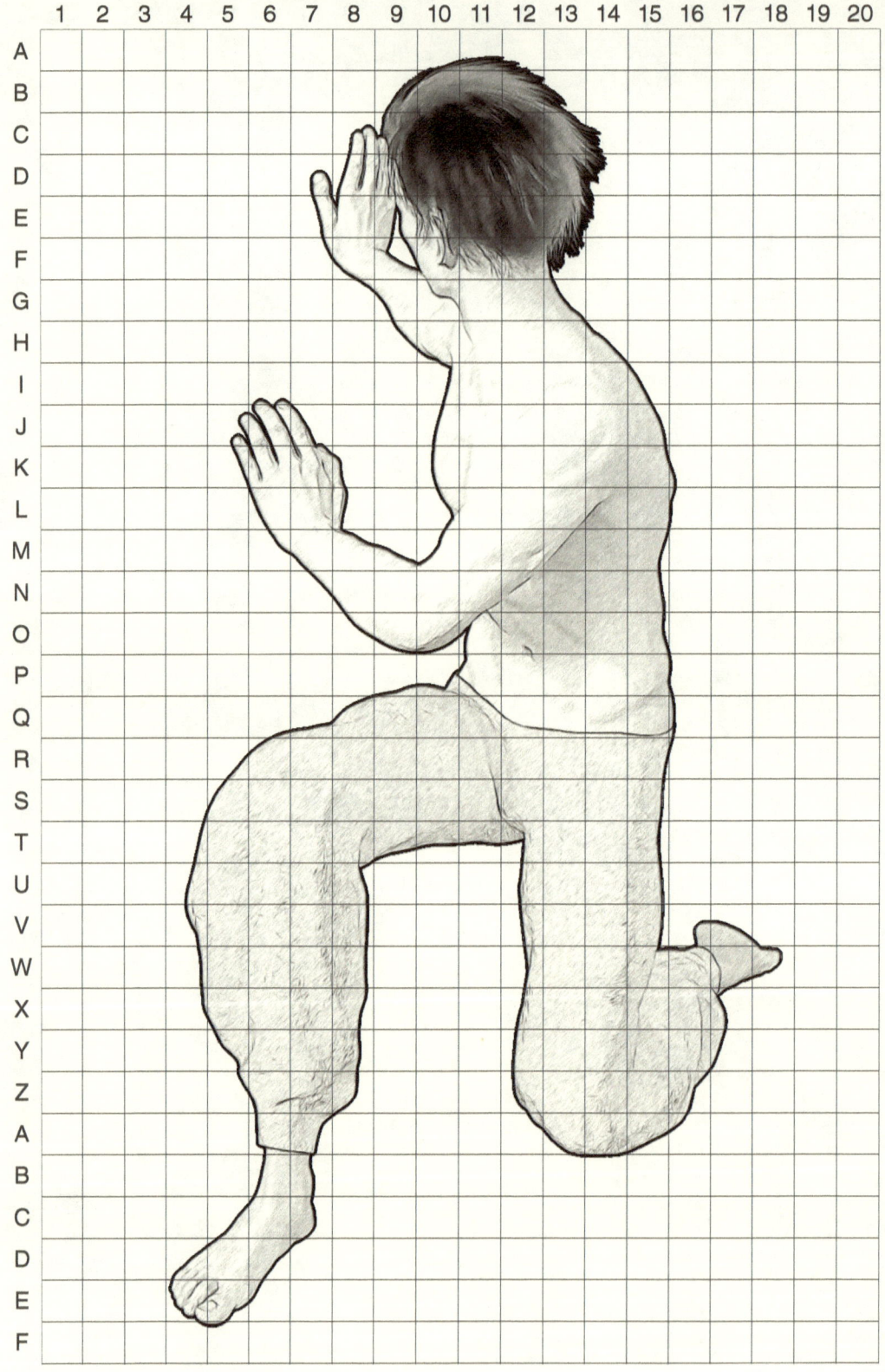

	1	2	3	4	5	6	7	8	9	10	11	12	13	14	15	16	17	18	19	20
A																				
B																				
C																				
D																				
E																				
F																				
G																				
H																				
I																				
J																				
K																				
L																				
M																				
N																				
O																				
P																				
Q																				
R																				
S																				
T																				
U																				
V																				
W																				
X																				
Y																				
Z																				
A																				
B																				
C																				
D																				
E																				
F																				

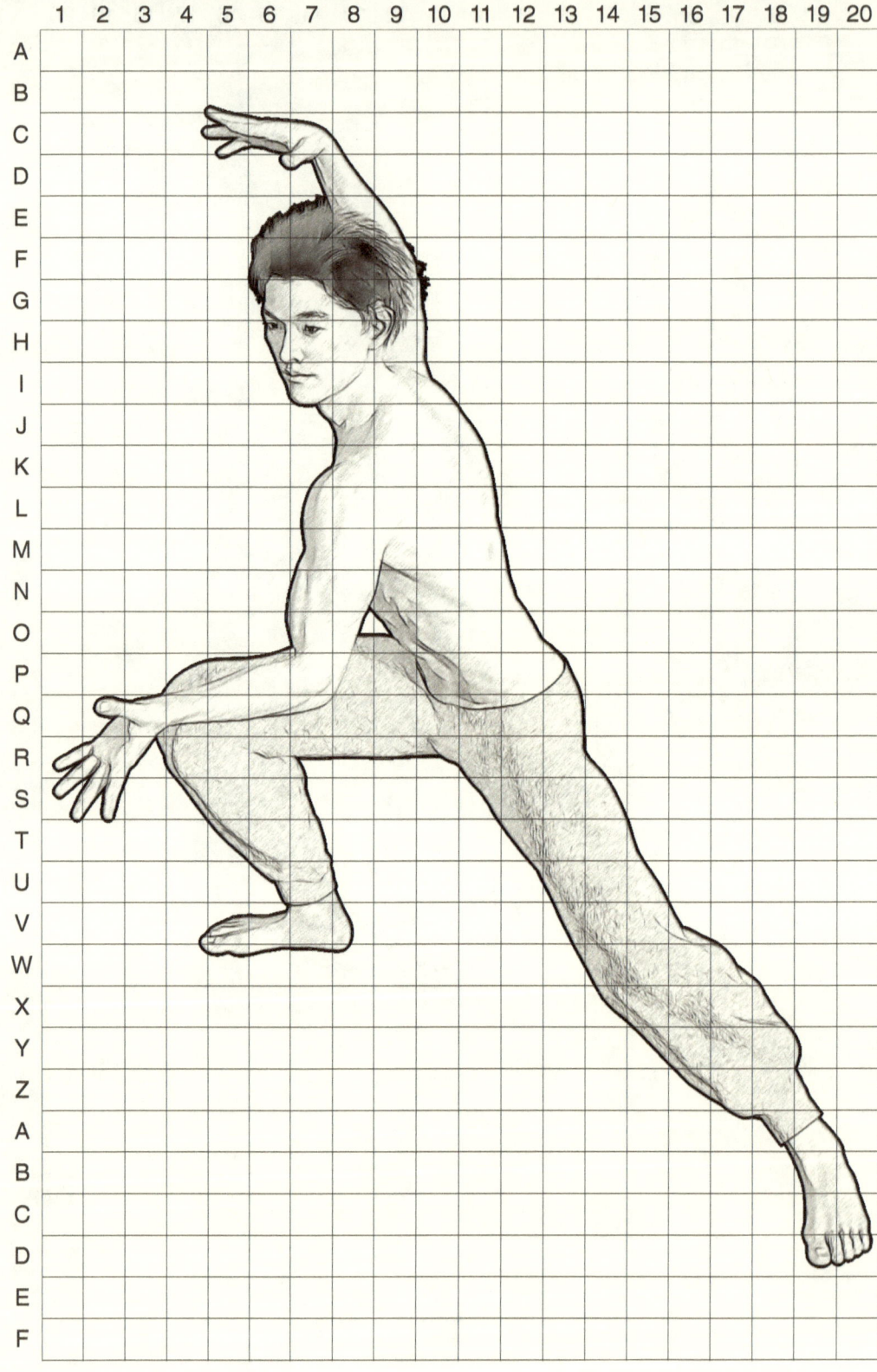

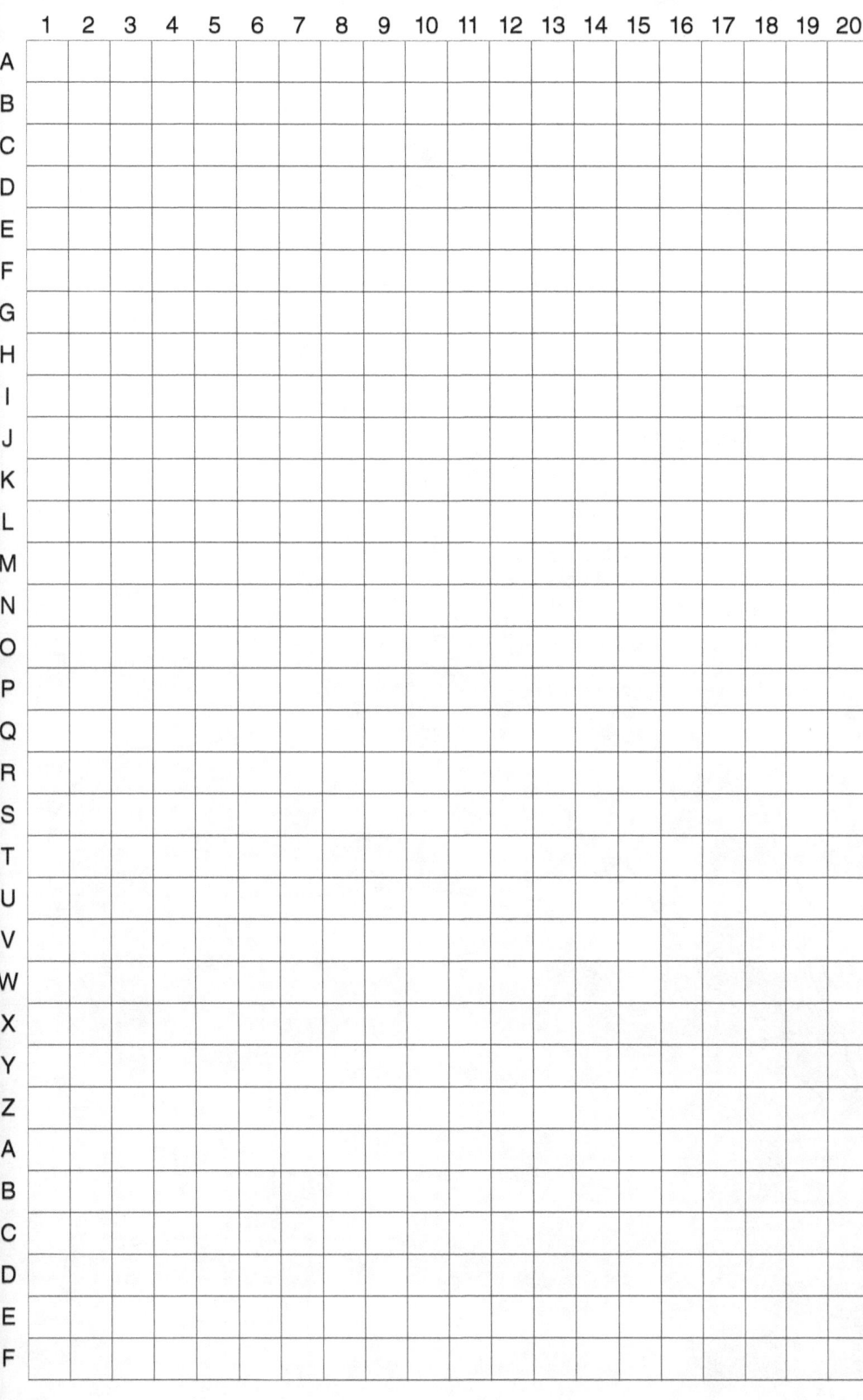

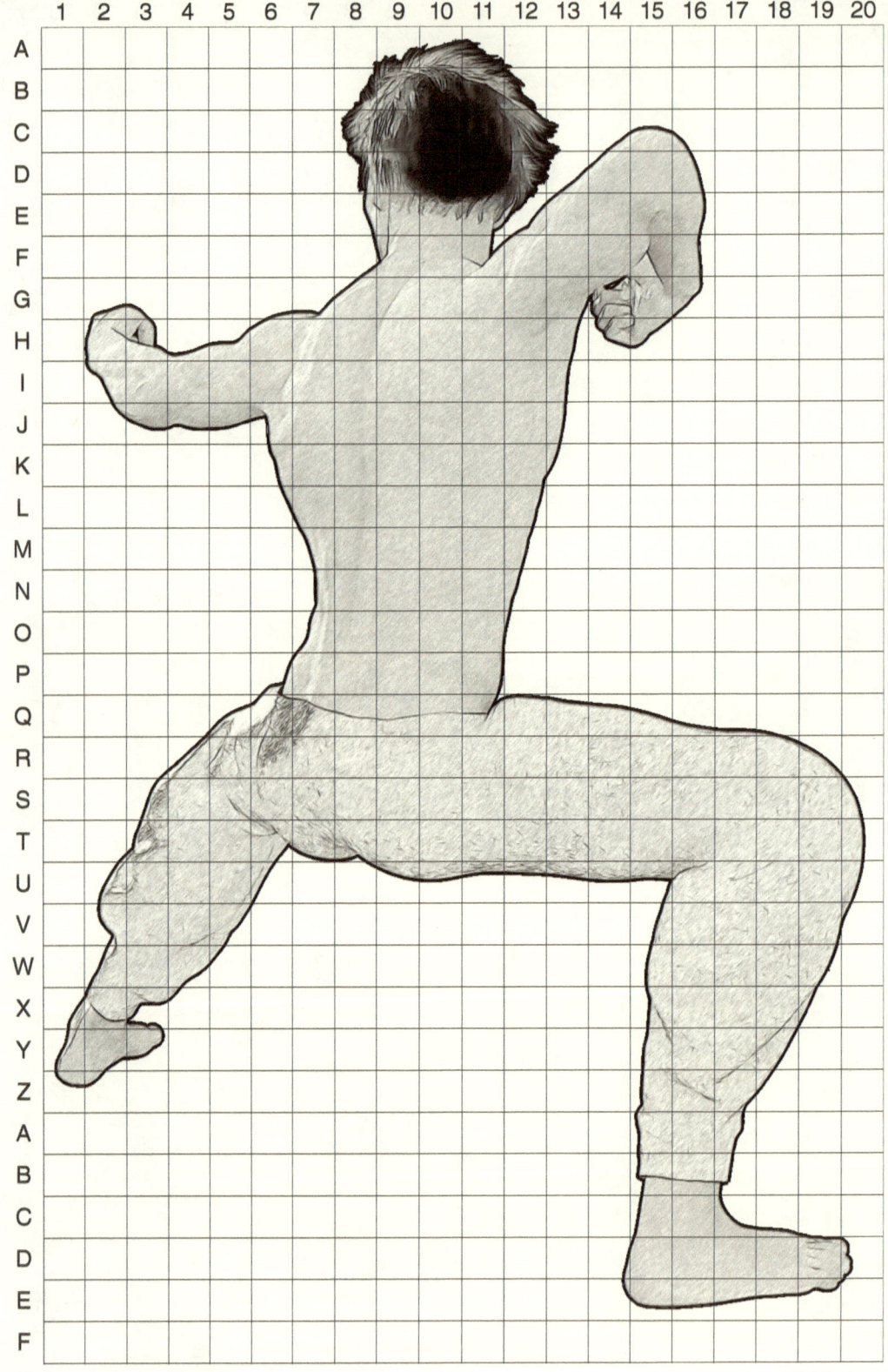

	1	2	3	4	5	6	7	8	9	10	11	12	13	14	15	16	17	18	19	20
A																				
B																				
C																				
D																				
E																				
F																				
G																				
H																				
I																				
J																				
K																				
L																				
M																				
N																				
O																				
P																				
Q																				
R																				
S																				
T																				
U																				
V																				
W																				
X																				
Y																				
Z																				
A																				
B																				
C																				
D																				
E																				
F																				

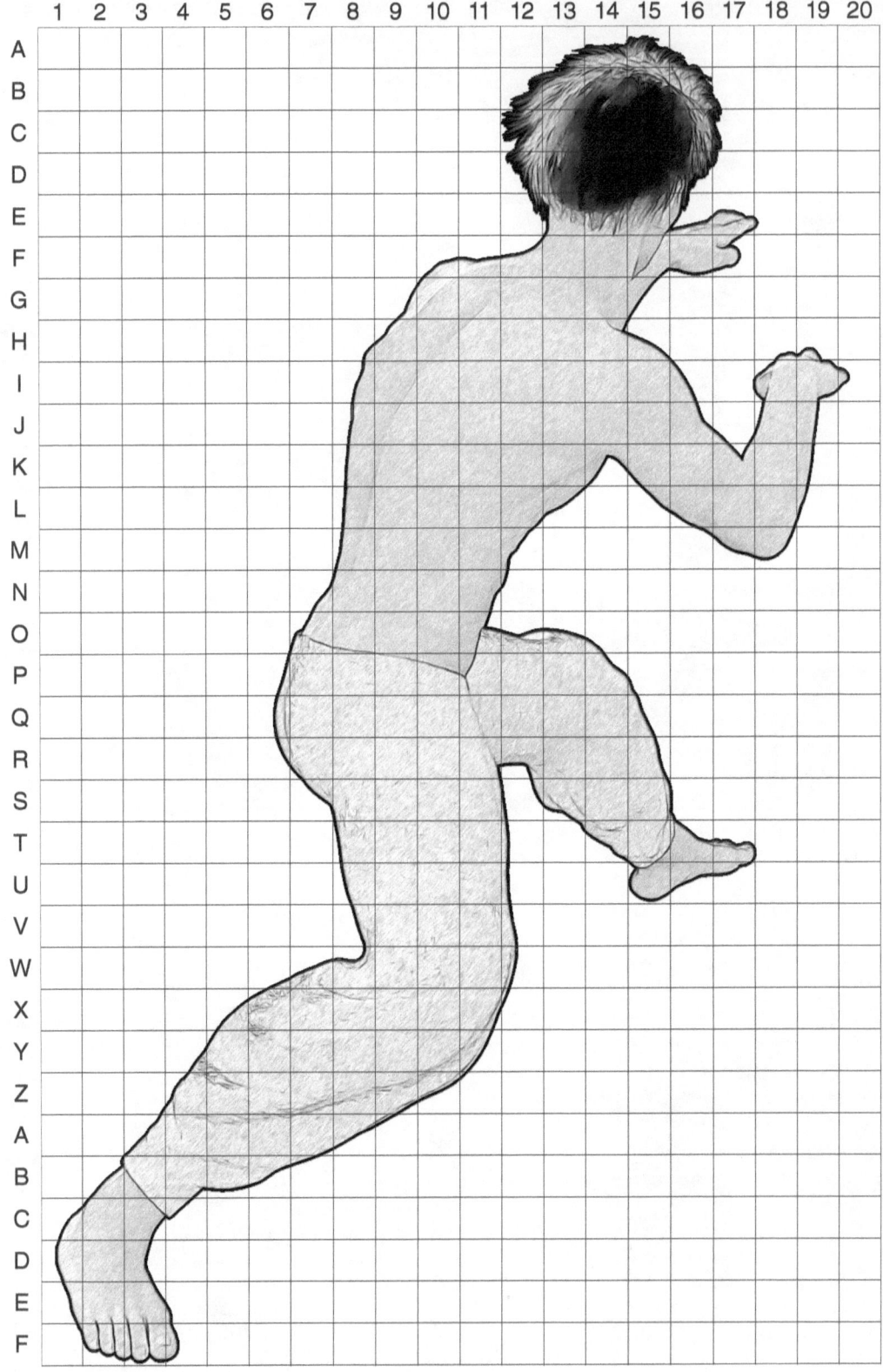

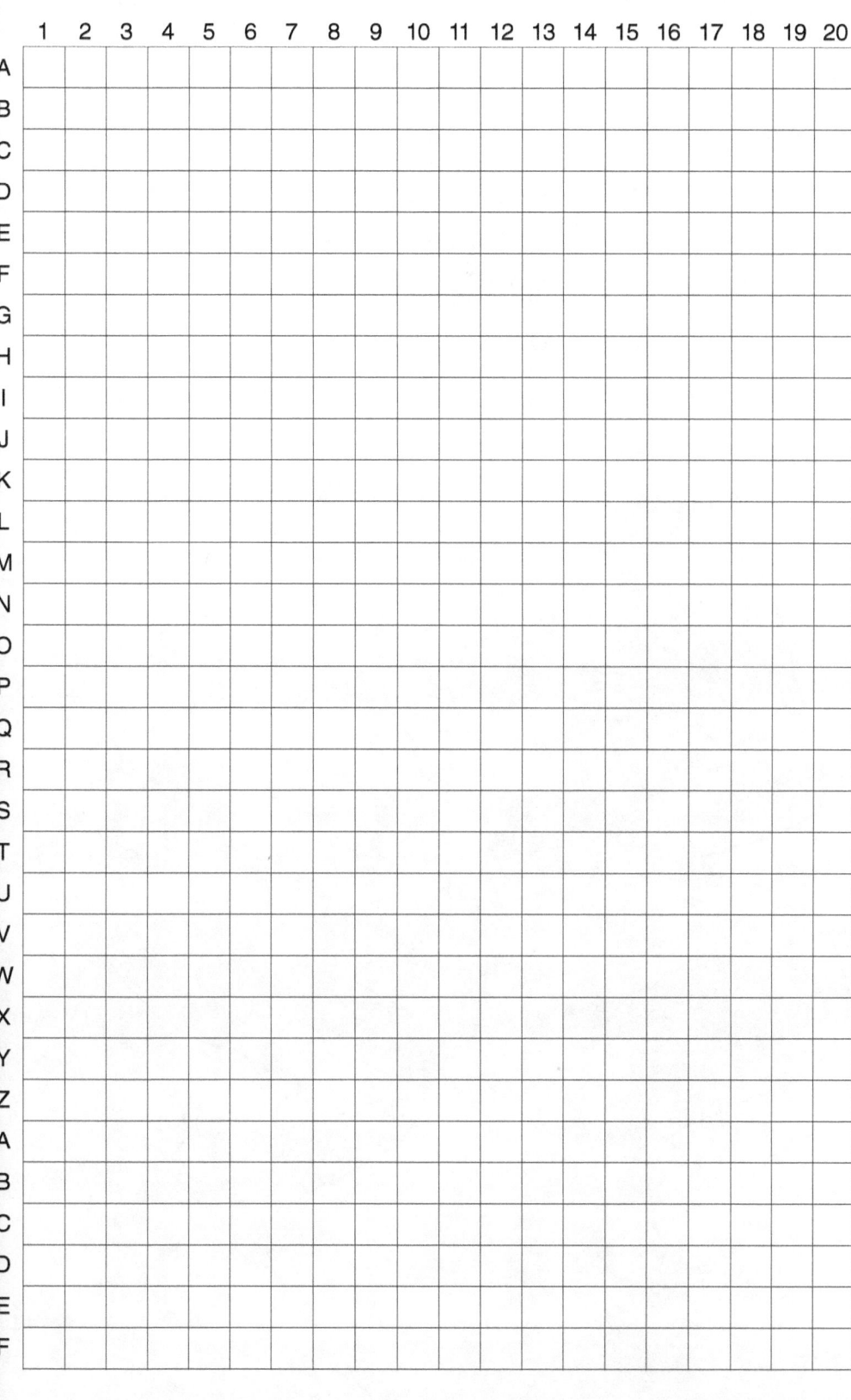

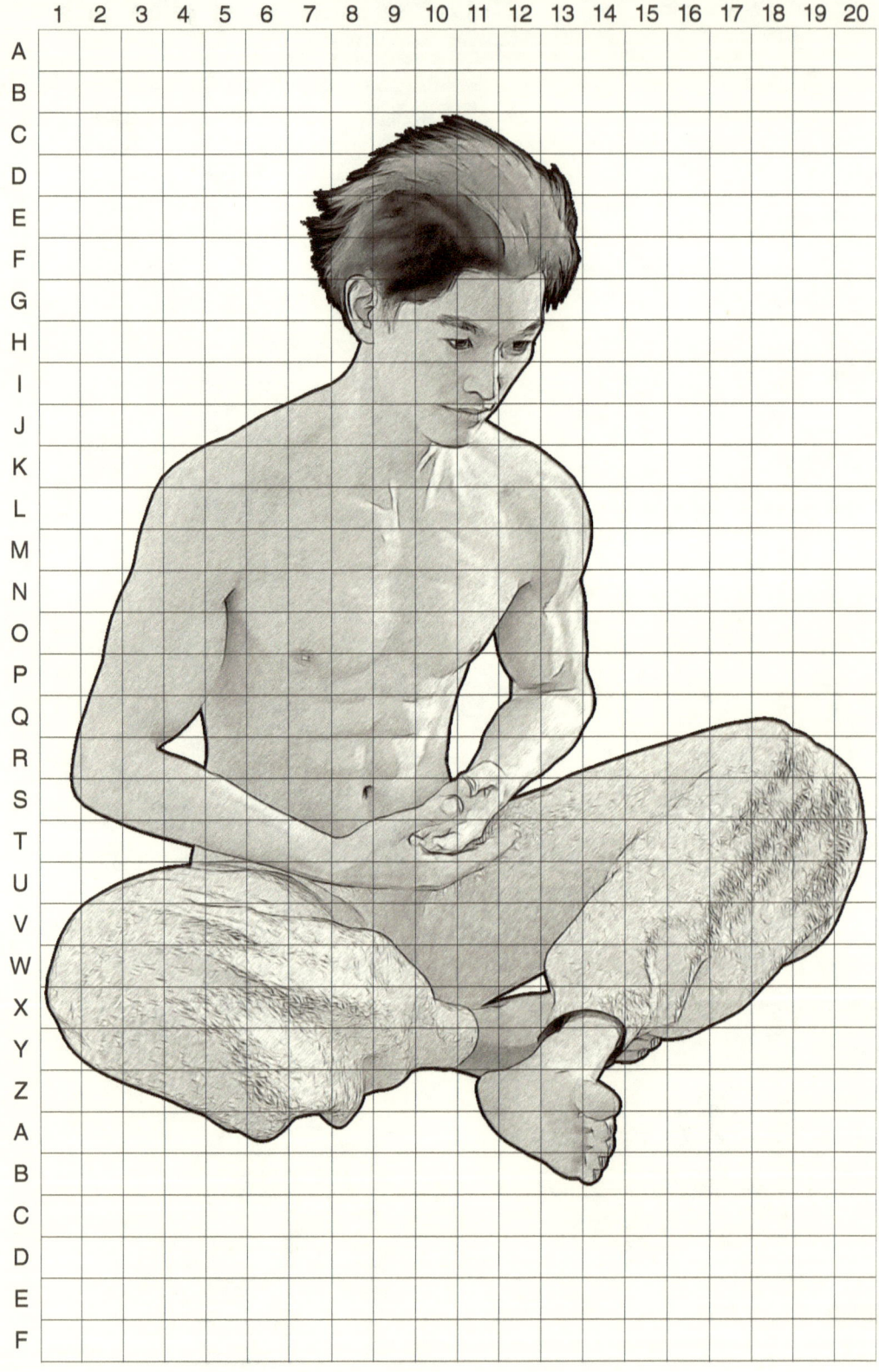

	1	2	3	4	5	6	7	8	9	10	11	12	13	14	15	16	17	18	19	20
A																				
B																				
C																				
D																				
E																				
F																				
G																				
H																				
I																				
J																				
K																				
L																				
M																				
N																				
O																				
P																				
Q																				
R																				
S																				
T																				
U																				
V																				
W																				
X																				
Y																				
Z																				
A																				
B																				
C																				
D																				
E																				
F																				

Well Done.
Meditate on Success.

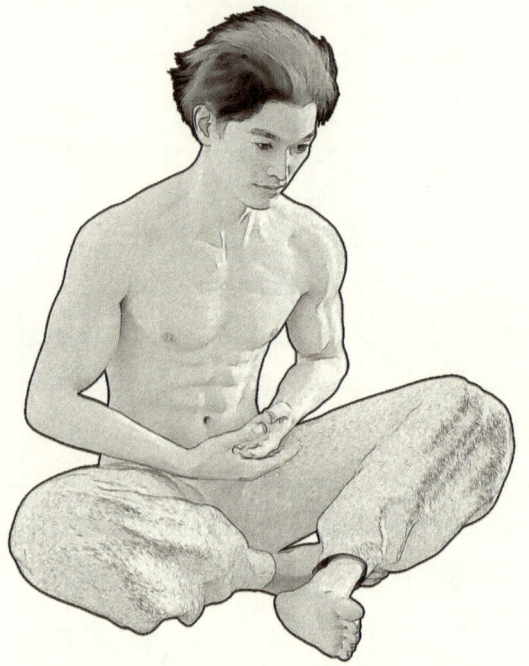

Well done! Never stop practice!

Never Stop Draw!

www.ingramcontent.com/pod-product-compliance
Lightning Source LLC
Chambersburg PA
CBHW031925170526
45157CB00008B/3055